AF257120

LES ZENBOUDJ

DE SIDI IA'QOUB

LES ZENBOUDJ

DE SIDI IA'QOUB

(LE BOIS SACRÉ)

Extrait d'un travail inédit sur Blida

PAR **C. T.**

BLIDA

P. ARNAYON, IMPRIMEUR-LIBRAIRE EDITEUR

1863

LES ZENBOUDJ [1] DE SIDI IA'QOUB.

(EXTRAIT D'UN TRAVAIL INÉDIT SUR BLIDA.)

I.

Le Bois-Sacré. — Le Jardin public. — Les Zenboudj. — Sidi Ia'qoub-ech-Cherif. — Son campement. — Son pèlerinage aux villes saintes. — Son retour. — Les piquets de ses tentes. — Les derniers moments du saint. — La nuit de sa mort. — Son entrevue avec Sidi Ah'med-el-Kbir. — La qoubba miraculeuse. — Les zâirîn. — L'oukîl. — Le tombeau de Sidi Ia'qoub. — Un jour de ziâra. — La hache merveilleuse. — L'invisibilité des khoddâm du saint. — La rouh'ânia (revenant). — La guerre en 1839 et 1840. — Les combats dans les oliviers.

. . . .

Notre caravane était arrivée à hauteur du jardin des Oliviers, que les Français nomment aussi le *Bois-Sacré*. Pourquoi ? Est-ce par réminiscence du lieu où Jésus but le calice d'amertume ? Est-ce parce qu'il renferme une *qoubba* (2) où repose le saint marabout Sidi Ia'qoub-ech-Cherif? Est-ce, enfin, parce qu'autrefois, ce bois fut arrosé de sang français?.. Tout ce que nous pouvons dire, c'est que la dénomination de *Bois-Sacré* n'est pas indigène, et que les Arabes appellent ce lieu « *les Zenboudj de Sidi Ia'qoub.* »

Ce bois, converti en jardin public il y a quelques années, était, en 1860, mal tracé, mal planté, mal irrigué, mal entretenu; les chaises rustiques boitaient très-bas; les saules pleuraient toutes leurs feuilles avant terme; les arbustes, devenus phthisiques, séchaient sur pied; les fleurs se donnaient

---

(1) *Zenboudj*, oliviers sauvages, ceux dont le fruit ne se mange pas.

(2) *Qoubba*, petit monument de forme carrée, surmonté d'une coupole, élevé en l'honneur ou sur le tombeau d'un marabout mort en odeur de sainteté. *Qoubba* signifie, littéralement, *coupole, dôme.*

le genre poitrinaire de la rose en ne vivant que l'espace d'un matin; le bassin, vaste mare, ne contenait que des eaux jaunâtres plafonnées de feuilles mortes où s'ébattait en toute sécurité la gent coassante des batraciens. Aussi, ce bois avait-il beau avertir en français et en arabe qu'il était le *Jardin public*, personne, néanmoins, n'y mettait les pieds, à l'exception, pourtant, des *khoddâm* (serviteurs religieux) de Sidi Ia'qoub, qui, le samedi, allaient en *ziâra* (pèlerinage) sur son tombeau.

Un jour,—c'était en septembre 1860,—Blida est prise d'une folle joie : elle vient d'apprendre que le souverain de la France, en route pour visiter son royaume d'Afrique, doit s'arrêter dans ses jardins, qu'on lui a dépeints, sans doute, beaux à humilier ceux d'Armide; soudain la coquette, qui sait qu'un brin de toilette n'est jamais de trop, même pour une jolie fille, se met à se parer de ses plus beaux atours: ses rues sont balayées à fond; ses maisons sont badigeonnées en rose; elle met des arcs-de-triomphe en calicot dans sa chevelure ; les chemins par lesquels on arrive à elle, habituellement plus accidentés que le dos d'Esope, sont nivelés à faire envie au *lac tranquil-le*; leurs fossés sont rasés de frais; les buissons et les arbres sont époussetés; les feuilles mortes sont remises en couleur et passées au vernis. Quelques *auranticoles*, professant hautement ce principe avancé que le premier devoir d'une orange est d'être jaune, risquèrent, dit-on, le flatteur anachronisme de donner cette couleur à leurs fruits, qui avaient l'impertinence d'être encore verts.

Après une vive discussion, le *Jardin public* avait été choisi comme le lieu le plus convenable pour recevoir les illustres hôtes qui daignaient honorer Blida de leur présence; mais il y avait beaucoup à faire, —et il ne restait que peu de temps, —pour le rendre digne des augustes visiteurs. On se mit aussitôt à l'œuvre : on éleva une porte monumentale *sommée* d'une paire de boules; — la grille devait venir plus tard; — on bâtit un kiosque de style mauresque pour faire pendant à la qoubba du saint marabout; — il attend encore son emploi; — les allées furent ingénieusement semées de cailloux de l'ouâd Sidi-El-Kbîr; — il n'y a qu'à se baisser pour en prendre; — quelques pieds délicats eussent préféré du sable; mais on sait combien il est rare en Afrique; le tracé fut rectifié; les plates-bandes furent sarclées, écobuées, ratissées, hersées, peignées, démêlées ; les fleurs furent relevées et encouragées par des douches salutaires et des bains de pied; les arbres furent échenillés et émondés; les chaises rustiques portées chez l'orthopédiste; les grenouilles chassées impitoyablement de la grande mare, que l'on emplit d'eau claire. En peu de jours, grâce au zèle, à l'activité, au bon goût de l'horticulteur en chef, la broussaille publique était transformée en un délicieux jardin, qui n'avait plus guère que le défaut d'être un peu éloigné de la ville et de faire vis-à-vis à un abattoir..... Ah! sire, pourquoi les affaires de l'État ne vous permettent-elles pas de venir nous voir tous les ans! Blida serait bien vite un lieu de délices, et aurait promptement supplanté Damas, qui se flatte toujours d'être l'Eden de l'Orient.

Comme nous le verrons plus loin, le *Bois-Sacré* a de glorieux souvenirs; les Qabils de la rive gauche de l'ouâd Sidi-el-Khîr descendirent bien des fois de leurs montagnes pour nous contester la possession de *la petite rose de la Mtîdja*, et les *féroces cavaliers H'adjâdjit'* (Hadjout) vinrent longtemps lancer leurs *intrépides coursiers* jusque dans les fossés des redoutes qui, alors, couvraient Blida. Les oliviers du *Bois-Sacré* portent encore la marque de ces temps héroïques où vingt-deux hommes pouvaient, comme aux Bnî-Merêd, se trouver soudainement en présence de trois ou quatre cents ennemis. Le tronc noirci de ces arbres tant de fois séculaires entamés par les feux de bivouac nous reporte à ces grandes époques africaines où nos soldats avaient, habituellement, pour ciel-de-lit la voûte que Dieu a semée de ses mondes lumineux. « Ah! c'était le bon temps! » disent nos anciens en soupirant. En effet, les glorieuses misères ont cela de commun avec les premières amours qu'on se les rappelle toujours avec plaisir.

Mettons pied à terre, et parcourons ce cimetière transformé en jardin, ce vieux bivouac métamorphosé en Eden ; interrogeons ces *zenboudj*, patriarches de la végétation, plantés par Dieu lui-même, sans doute ; voyons leurs troncs noués, déprimés, contournés, tordus, s'accrochant, se cramponnant au sol par leurs vigoureuses racines pareilles à des serres d'un oiseau gigantesque : il semblent, dans notre temps où tout est petit, mesquin, étriqué, chétif, appartenir a des espèces disparues ; c'est sûrement à l'un d'eux que la colombe de l'arche coupa le rameau qu'elle rapporta au prophète Noé ; ils ont échappé à ces cataclysmes, à ces déluges que le Créateur, avec un peu moins d'imprévoyance ou d'étourderie, eut si facilement pu éviter ; car, enfin, nous lui accordons, généralement, la prescience. Cette concession de notre part serait-elle exagérée ?...

Revenons à nos arbres. Quelques-uns n'ont plus que la peau et les os, et ne paraissent se soutenir que par un prodige d'équilibre ; ils portent, pour la plupart, les nodosités, les gibbosités, les verrues, ces infirmités de toutes les vieillesses, et les traces ineffaçables de la guerre : les uns montrent orgueilleusement leurs membres amputés, les autres leurs troncs troués par les balles, déchiquetés par la hache de nos soldats, ou brûlés pour les besoins du bivouac. Barbares que nous sommes ! incendier, détruire en moins d'une heure des arbres qui ont mis des siècles pour pousser ! L'antiquité païenne, qui appréciait la valeur de l'ombre et de la verdure, avait placé les arbres sous la protection de la religion en établissant, comme article de foi, que la destinée des Hamadryades dépendait de certains de ces arbres avec lesquels elles naissaient et mourraient, que ces nymphes des bois avaient de la reconnaissance pour ceux qui les garantissaient de la mort, et qu'au contraire, ceux qui la leur donnaient en coupant, malgré leurs prières, les arbres qu'elles habitaient, recevaient sûrement la peine de leur crime.

En Afrique, nous aurions eu bien souvent besoin de croire à quelque chose de semblable ; car nous avons beaucoup coupé, beaucoup brûlé inutilement, et, dans le pays du soleil, il est incontestable qu'un arbre est infiniment plus utile qu'un homme.

Nous ne pouvons nous lasser d'admirer ces vieux *zenboudj*: voyez, en effet, leur écorce squammeuse comme la carapace du dragon de l'Apocalypse, ces nervures qui, partant du pied, s'élancent gracieuses et déliées comme les colonnettes qui soutiennent, on ne sait par quel miracle, les voûtes de nos vieilles cathédrales; quelques-uns de ces végétaux-mastodontes, aux racines avachies, ramassées comme les entrailles d'un animal éventré, présentent, affaissés sur eux-mêmes, un contraste frappant avec leurs voisins musculeux, énergiques, trapus, forts comme la force elle-même.

S'il est une chose qui nous scandalise, c'est bien la hardiesse, le sans-gêne de certains parasites qui se sont installés dans les cicatrices des vieux oliviers, et qui surgissent vaniteusement de quelque cavité comme s'ils étaient les rejetons légitimes de ces contemporains de la création, lesquels leur donnent si généreusement la table et le logement.

Quel charmant et singulier spectacle que celui présenté par les convolvulus, ces fleurs d'un jour, couronnant, enguirlandant ces géants, et les taquinant de leurs espiègleries comme le font des enfants gâtés juchés sur les genoux de leurs grands parents! Par Dieu! ces liserons sont bien familiers! ils enlacent ces bons vieillards, les couvrent de joyeux baisers, et mêlent leur jeune et tendre verdure au sévère feuillage vert-grisâtre des anciens : c'est la fête de la vieillesse; ce sont les bergers et les bergères d'Arcadie parant de pampres le vieux Silène. Et ces arbres étrangers groupés respectueusement autour des oliviers, on les dirait venus en pèlerinage de tous les points du monde pour saluer les rois de la végétation: ils réunissent toutes les couleurs, tous les tons, toutes les nuances de verdure, délices de la vue; ils embaument les airs de toute l'enivrante parfumerie de Dieu.

Nous sommes au mois de juin ; il est quatre heures du matin; le ciel est splendide, et l'air d'une limpidité si parfaite qu'on pourrait compter les arbres sur les crêtes; les oiseaux saluent le lever du soleil de leurs chants mélodieux; l'astre s'est déjà fait annoncer par des rayons qui poursuivent la nuit et qui balayent les étoiles sur leur passage. On se sent heureux de vivre; on voudrait s'établir sous ces parasols de verdure, et l'on est tenté de dire comme Pierre à Jésus : « Seigneur, il est bon de demeurer ici; si vous l'agréez, nous y ferons trois tentes, une pour vous, et deux autres pour Moïse et Élie. » Avec leurs grands bras qui se cherchent, les oliviers encadrent de ravissantes échappées, tableaux sublimes dont la peinture ne saurait donner une idée : à l'ouest, ce sont des montagnes rose-tendre festonnant sur un ciel d'azur; plus à droite, c'est le lac H'alloula (1), vaste miroir dans lequel le Djebel-Chenoua aux cimes dorées fait sa toilette; au nord, ce sont les collines boisées du Sah'el semées de villages, d'*ah'ouâch* (fermes arabes), de maisons de campagne, et paraissant un champ émaillé de marguerites.

Dirait-on que ce jardin est d'hier, que ces fouillis de verdure, ces massifs impénétrables comme une forêt vierge, n'ont que quatre ou cinq ans d'existence? Ah! c'est que notre terre d'Afrique est une terre de *baraka* (bénédiction), une bonne mère dont le sein ne tarit jamais, et qui est toujours disposée à le donner à ceux qui prennent la peine de le lui demander. C'est vraiment merveilleux ce que peut ici l'alliance de quelques grains de sable et de quelques gouttes d'eau avec un rayon de soleil !

Il est bien difficile de retrouver la trace du cimetière et du vieux bivouac d'autrefois au milieu de cette luxuriante végétation, avec ces corbeilles de fleurs, avec ces eaux qui s'enroulent au pied des arbres comme des colliers d'argent, avec ces poissons dorés qui mendient quelques miettes de pain aux promeneurs. Au lieu de roses, de romarins, de verveines, le sol était autrefois hérissé de pierres sépulcrales;

---

(1) Cette partie de l'ouvrage était écrite avant le dessèchement du lac H'alloula.

des *chouâhed* (1) se dressaient sur les tombes pour témoigner encore qu'il n'est pas d'autre divinité que Dieu, et que Moh'ammed est l'apôtre de Dieu. Les Croyants attendaient, couchés auprès de leur intercesseur Sidi Ia'qoub, le jour où le Tout-Puissant redressera les ossements et les couvrira de chair; ces squelettes blanchis, qui croyaient pouvoir attendre en repos la résurrection, ont été dispersés, et leur poussière a été jetée au vent. Sidi Ia'qoub seul a obtenu grâce devant les profanateurs, bien que, si l'on en croit les *khoddâm* du saint marabout, la destruction de sa *qoubba* eût été dans les projets des Chrétiens, — que Dieu maudisse leur religion ! — mais aucun outil n'ayant pu mordre la pierre de son tombeau, force leur avait été de renoncer à cette impie dévastation. Tant mieux ! car c'eut été réellement un crime de renverser cette élégante chapelle funéraire, si gracieusement placée au milieu des vieux oliviers.

Cette *qoubba*, qui s'élève élégante et blanche comme la robe d'une vierge, renferme les restes mortels de Sidi Ia'qoub-ech-Cherif, le noble, le pieux, le savant, la lumière de l'islâm. Si vous désirez savoir à quelle époque vivait ce grand saint, adressez-vous à son *oukîl* (2); il vous répondra invariablement: « Demande leur âge à ces *zenboudj* (oliviers sauvages). » Nous expliquerons plus tard le sens de cette répon-

---

(1) Les *chouâhed* (de *chehed*, témoigner) sont les pierres qu'on dresse sur les tombes à la tête et aux pieds du mort. On les nomme *chouâhed* parce qu'on y fait inscrire, ordinairement, la profession de foi musulmane. Le plus souvent, les *chouâhed* sont tout simplement des pierres brutes.

(2) L'*oukîl* est, à proprement parler, un mandataire, un administrateur, un individu chargé des intérêts d'un autre. L'*oukîl* d'une *qoubba* est une sorte de sacristain qui, moyennant rétribution, est chargé de certains détails, tels que ceux d'ouvrir la chapelle aux *khoddâm* du saint les jours de *ziâra*, d'allumer le réchaud sur lequel doivent être brûlés les *bkhouraî* (parfums), de recueillir les offrandes des fidèles, de maintenir la *qoubba* dans le meilleur état de propreté, etc. Chaque *qoubba* dont le saint a un peu d'importance a aussi une *oukîla*, qui remplit auprès des pieuses femmes fréquentant la *qoubba* de ce saint les fonctions dont est chargé l'*oukîl* auprès des hommes.

se sibylline, qu'on pourrait ne pas trouver satisfaisante.

Il n'est point de peuple qui commette l'anachronisme avec un plus candide aplomb que le peuple arabe; aussi, est-ce une difficulté sérieuse de démêler l'histoire du conte, et le vrai du faux. Est-ce là un bien grand mal après tout? Nous ne le pensons pas; car la fiction a, généralement, plus d'attraits que la vérité. Néanmoins, emporté par la curiosité, par l'esprit d'investigation, nous avons voulu savoir ce qu'était Sidi Ia'qoub, en quel temps il vivait; nous avons voulu connaître les causes de la profonde vénération dont il est encore l'objet autour de Blida. Il nous a donc fallu, à défaut d'histoire écrite, fureter dans les coins du passé, interroger les vieillards, ces conservateurs de la tradition, et c'est en nous accrochant tenacement à certains détails qui nous paraissaient mieux éclairés que certains autres, que nous avons pu, par déduction, nous convaincre que l'*oukîl* exagérait sensiblement; et que le passage du saint sur la terre devait être fixé à l'époque où le corsaire Bâbâ-A'roudj fondait la Régence d'Alger, c'est-à-dire vers le commencement du XVIe siècle. Ne voulant cependant pas briser les illusions des Croyants en général, et celles de l'*oukîl* en particulier, nous sommes tout disposé, si cela peut leur être agréable, à faire de Sidi Ia'qoub un contemporain du Prophète.

Comme la plupart des illustrations religieuses de l'Afrique septentrionale, Sidi Ia'qoub-ech-Cherif a vu le jour dans le R'arb (ouest); il appartenait, ainsi que l'indique son nom, aux Cheurfa (1) du Maroc.

Depuis longtemps Sidi Ia'qoub brûlait du pieux désir d'aller visiter les villes saintes; car Dieu a dit : « Accomplissez le « pèlerinage de Mekka et la visite des lieux saints. » On allait entrer en *chouâl*, le premier des trois mois sacrés (2) dans lesquels doit être accompli *el-h'eudjdj* (le pèlerinage);

---

(1) *Cheurfa,* pluriel de *cherif,* qui signifie *noble,* et, spécialement, descendant de Mahomet.

(2) Le pèlerinage à Mekka doit être accompli dans les trois mois de *chouâl, dou-el-qa'da, dou-el-h'adjdja.*

Sidi Ia'qoub fit ses préparatifs de voyage, et, suivi de nombreux serviteurs, il quitta Meurrâkech (Maroc), et se dirigea vers le Cheûrg (est). Après quinze jours de marche, il avait atteint l'ouâd Ech-Cheffa (Chiffa), qu'il coupait à son débouché dans la Mtîdja, et remontait la rive droite d'un ouâd qui descendait de l'est sur un lit de cailloux. Cette rivière est celle qui, plus tard, prit le nom de Sidi-Ah'med-el-Kbir. Il était l'heure de la prière de l'*a'c'eur* (trois heures de l'après-midi); Sidi Ia'qoub se décida à poser son camp sur la rive droite de cet ouâd, à quelque distance du point où il sort de la gorge qui le verse dans la plaine.

S'il faut en croire la tradition, cette rive et l'emplacement qu'occupe Blîda aujourd'hui n'avaient point, alors, cette riche végétation qui, de nos jours, fait à la ville une si gracieuse ceinture; ce n'était qu'une vaste prairie où paîssaient les troupeaux des tribus voisines. Sidi Ia'qoub fit dresser ses tentes en rond sur ce tapis de verdure qu'émaillaient les fleurs des champs, écrin de la terre; ses chevaux mis au piquet, et ses chameaux entravés de manière à ne leur laisser l'usage que de trois jambes, pouvaient brouter autour d'eux une herbe fine comme le duvet de la lèvre d'un adolescent. Le lieu plut à Sidi Ia'qoub, et il se promit de revenir y camper si Dieu lui faisait la grâce de lui accorder le retour des villes saintes.

Sidi Ia'qoub et ses compagnons étaient arrivés heureusement à Mekka; après y avoir accompli toutes les pieuses cérémonies du pèlerinage, c'est-à-dire, fait sept fois le tour de la Ka'ba, la station sur le mont A'râfât, et les promenades entre les collines Sâfa et Meroua, après avoir bu de l'eau du puits de Zemzem, et lancé sept cailloux dans le lieu où le diable fut lapidé par Abraham qu'il avait voulu tenter, les pieux pèlerins avaient repris, purifiés, le chemin du R'arb (ouest).

Sidi Ia'qoub n'avait point oublié son campement sur les bords de l'ouâd; aussi, lorsqu'il n'en fut plus qu'à une petite distance, avait-il ordonné à quelques-uns de ses serviteurs de prendre les devants pour y aller de nouveau dresser ses tentes. Les serviteurs exécutèrent la volonté du maître; mais ils cherchèrent en vain l'emplacement de leur ancien campement; il n'y avait plus trace de la prairie dont le saint homme avait gardé un si agréable souvenir.

Sidî Ia'qoub arriva bientôt avec le reste de sa suite. Les serviteurs qu'il avait envoyés en avant ne laissaient pas que d'être un peu confus de l'insuccès de leur mission; ce fut pire encore quand ils virent Sidî Ia'qoub mettre tranquillement pied à terre, et ordonner à ceux qui le suivaient d'en faire autant. — « Par Dieu! ô monseigneur, se hasarda de dire l'un des serviteurs, ce ne peut être ici que nous avons posé nos tentes; car le sol était nu, et, aujourd'hui, il est couvert d'une forêt d'oliviers. A moins que je ne sois le jouet des *djenoun* (démons), je ne puis croire cependant que ces arbres n'existent que dans mon imagination. »

Un sourire de béatitude ravina la figure du saint, qui affirma que c'était pourtant bien là qu'ils avaient campé. — « On ne peut s'y tromper, ajouta-t-il, car les piquets de nos tentes sont encore fichés en terre, et disposés dans l'ordre où vous les avez placés. »

— « Que Dieu m'aveugle, ô monseigneur, si je vois autre chose que des arbres à l'endroit que tu indiques ! »

— « Dieu, — qu'il soit exalté ! — peut ce qu'il veut, reprit le saint homme : ces oliviers sont les piquets de nos tentes que le Tout-Puissant a transformés en arbres pour que les fidèles Croyants puissent trouver sous leur feuillage un abri contre l'ardeur du soleil. Certes, Dieu est grand et généreux, et c'est par ces signes qu'il se manifeste ! Heureux ceux qui les comprennent ! »

Les gens de Sidî Ia'qoub, après avoir reconnu que les oliviers, par leur disposition, marquaient exactement l'emplacement qu'avaient occupé leurs tentes, ne doutèrent pas que ce miracle ne fût dû à l'influence du saint homme qu'ils avaient accompagné dans sa visite aux villes nobles et respectées, Mekka et El-Mdina, — que Dieu les garde!

Sidi Ia'qoub était aussi chargé d'ans que rempli de vertus il comprit que ce signe par lequel Dieu se manifestait était; un avertissement, et que le maître des mondes ne tarderait pas à l'appeler à lui. Le soir de ce jour, il assembla ses gens dans sa tente, et leur dit qu'il était évident pour lui que Dieu avait marqué sous ces oliviers le terme de son voyage ici-bas : — « Je sens la vie m'échapper, ajouta-t-il; je laisserai mon corps loin des tombeaux de mes saints ancêtres : Dieu le veut ainsi, et ses desseins sont impénétrables. Quant à vous, ô mes enfants! retournez vers notre R'arb chéri, et dites à notre seigneur, notre sultan, notre maître, le prince des Croyants, l'ombre de Dieu sur la terre, le chef de la troupe victorieuse, le bouclier de la religion, dites-lui que ma dépouille mortelle repose ici; mais que mon esprit a pris avec vous le chemin du R'arb. » Et il les congédia en les bénissant.

Ils se retirèrent dans leurs tentes en fondant en larmes; car ils ne doutaient pas de la prescience du saint; ils se consolèrent cependant en pensant qu'ils auraient un protecteur de plus auprès du Tout-Puissant, ce qui, dans les cieux comme sur la terre, n'est nullement à dédaigner.

Dieu avait depuis longtemps déjà allumé ses mondes, que le sommeil n'avait pu encore appesantir la paupière des serviteurs de Sidi Ia'qoub. Vers le milieu de la nuit, la tente du saint marabout parut tout-à-coup resplendissante de lumière, tandis que les ténèbres devenaient plus épaisses autour d'elle. Les disciples du saint se hâtèrent de quitter leurs nattes, ne doutant pas qu'ils allaient être témoins d'un nouveau miracle: en effet, un chemin lumineux, qui semblait un rayon détaché du soleil, s'étendait comme un tapis de la tente de Sidi Ia'qoub au lit de la rivière; le saint homme le suivait lentement; il glissait plutôt qu'il ne marchait. Bien que les berges fussent, comme elles le sont aujourd'hui, hautes et escarpées (1),

(1) Le point de l'ouâd Sidi-el-Kbîr où la tradition place la rencontre de Sidi Ia'qoub et de Sidi Ah'med-el-Kbîr serait un peu au-dessous de la qoûbba du premier de ces saints.

il ne parut pas s'en inquiéter, et il les descendit avec une sérénité qui arracha de la bouche de ses serviteurs d'ardentes louanges adressées au Dieu unique. Sidi Ia'qoub s'arrêta au milieu de la rivière, et y fit ses ablutions. Un autre point lumineux apparut en même temps à l'endroit où la rivière sort de la gorge, et descendit le cours de l'ouâd : c'était comme une grosse étoile qui jetait des rayons jusque dans les ravins qui débouchent dans la rivière. On put bientôt reconnaître, à l'éclat de cette lueur, le pâle et austère visage de Sidi Ah'med-el-Kbir, saint marabout qui avait sa *kheloua* (solitude, retraite) au fond de la gorge qui, depuis, a pris son nom. Lorsqu'il fut à hauteur de Sidi Ia'qoub, qui avait cessé ses ablutions, il lui baisa silencieusement l'épaule. Ils conversèrent pendant quelques instants; leurs voix arrivaient jusqu'aux serviteurs de Sidi Ia'qoub comme le doux murmure de la *nesma* (zéphyr) dans les cordes d'un *rbâb* (espèce de lyre). Une *hâma* (hibou) passa rapidement au-dessus des saints personnages en jetant un cri aigu que les échos de la montagne répétèrent trois fois. Soudain les lueurs s'éteignirent, et tout rentra dans l'obscurité.

Les gens de Sidi Ia'qoub comprirent que ce prodige cachait un mystère dont ils n'osèrent pas chercher immédiatement l'explication; ils craignaient aussi d'avoir été le jouet d'une illusion; ils résolurent, néanmoins, d'attendre, en priant, le retour du jour pour éloigner l'esprit du mal qui avait interrompu si brusquement la conversation des deux saints; car, pour eux, le hibou qui venait de fendre l'air comme une flèche ne pouvait être autre chose qu'un *djinn* (démon) de la pire espèce.

Le lendemain, au *fedjeur* (point du jour), dès que l'aurore eut effacé les étoiles, ils pénétrèrent respectueusement dans la tente de Sidi Ia'qoub : le saint homme était dans l'attitude de la prière, c'est-à-dire prosterné le front sur le sol et les mains étendues de chaque côté de la tête. Ils attendirent qu'il se relevât pour le saluer de leur « *es-salâm a'lîk, iâ sîdi !* » que le salut (de Dieu) soit sur toi, ô monseigneur! Sa prière se prolongeant au-delà du temps ordinaire de la prosternation, ils s'approchèrent du saint, et ils reconnurent qu'il avait cessé de vivre. Le reste de chaleur que conservait son corps prouvait que sa mort avait dû coïncider avec le passage du hibou dans la rivière.

Les gens de Sîdî Ia'qoub, après avoir versé d'abondantes larmes, s'apprêtèrent à lui rendre les derniers devoirs : ils le deshabillèrent et l'étendirent sur une natte, puis l'un d'eux le lava avec de l'eau froide au moyen d'un linge qu'il passa sept fois sur tout le corps du saint; après la dernière lotion, il l'aromatisa avec du camphre, le revêtit d'une chemise, lui enveloppa la tête d'un turban, et le recouvrit d'un *kfen* (suaire). Ainsi que l'avait désiré le saint marabout, une fosse fut creusée à l'endroit même où était dressée sa tente; on l'y descendit, et on l'y coucha sur le côté droit, la tête tournée du côté de la Qibla (1). De larges pierres plates recouvrirent ensuite le corps du saint; puis l'un de ses serviteurs jeta trois poignées de terre dans la fosse, que les autres se hâtèrent de combler avec leurs mains. On plaça deux *chouâhed* à la tête et aux pieds du mort, et des *djenâbîât* (2) sur les flancs. Cette tombe n'était que provisoire; les serviteurs de Sîdî Ia'-qoub se proposaient de lui faire élever une *qoubba* digne de lui; l'un d'eux devait ramener de Fîguîg des maçons ayant la spécialité de ces constructions. Mais qu'on juge de la surprise des gens du saint! le lendemain matin, au moment où ils se disposaient à reprendre le chemin du R'arb, ils virent avec admiration que, pendant la nuit, Dieu avait chargé ses génies de cette pieuse mission : en effet, une élégante *qoubba* (celle que nous voyons encore aujourd'hui) recouvrait les restes vénérés de Sîdî Ia'qoub-ech-Cherîf. Ses serviteurs

---

(1) La *Qibla* est la direction de la prière, c'est le point vers lequel tout musulman doit se tourner pour prier. Cette direction est celle de la Ka'ba, temple situé à Mekka.

(2) Les *djenâbiât* (de *djenb*, flanc, côté) sont les larges pierres qu'on place le long des grands côtés des tombes pour y maintenir les terres.

louèrent Dieu, qui venait encore de se manifester d'une manière si merveilleuse, et ils répandirent dans les tribus des environs la nouvelle de ces prodiges. Tout le Titrî l'apprit comme par enchantement, et le bruit en courut avec la rapidité de l'éclair jusqu'à Blâd-Bni-Mezr'enna (1). Le Cheurg (est) et le R'arb (ouest) en eurent si promptement connaissance qu'il est à croire que Dieu y avait envoyé ses messagers. De tous les points du pays on vint en pèlerinage au tombeau du saint, et, dans toutes les tribus, un grand nombre de pieux musulmans se déclarèrent ses *khoddâm* (serviteurs religieux).

Depuis cette époque, ce zèle ne s'est pas ralenti, et, tous les samedis, dès le *fedjeur*, la foule des fidèles venus en zîâra encombre les abords de la qoubba où repose le saint.

S'il faut en croire la tradition, Sidî la'qonb-ech-Cherîf aurait été le chîkh (maître) de l'illustre Sidî Ah'med-el-Kbîr dont nous parlerons plus loin; aussi, plein de respect et de vénération pour son ancien maître, Sidî Ah'med aurait-il dit à ses derniers moments : « Que celui qui veut que sa zîâra soit agréable à Dieu visite Sidî la'qoub avant moi. » Nous ajouterons que les vrais Croyants se conforment scrupuleusement à cette recommandation de Sidî Ah'med.

C'est aujourd'hui samedi; suivons les *zâïrîn* (visiteurs, pèlerins), qui, déjà, se glissent dans les méandres du jardin aboutissant au tombeau du saint. Dès la veille, à l'heure de l'a'c'eur (trois heures de l'après-midi), le vieil *oukîl* a ouvert la porte de la qoubba, et son premier soin a été d'allumer dans un *nâfeukh* (réchaud) en terre, à l'aide d'un lambeau de *mrououh'a* (éventail), le charbon sur lequel il a jeté à profusion le *djâouï* (benjoin) et l'*eu'oud el-qmârî* (bois odoriférant d'Asie). L'*oukîl* prétend que l'odeur de ces précieux parfums dispose le saint à écouter plus favorablement les prières

---

(1) *Blâd-Bni-Mezr'enna* (pays des Bni-Mezr'enna), dénomination par laquelle les indigènes de l'intérieur et les poëtes arabes désignaient souvent la ville d'Alger, laquelle aurait été construite sur l'emplacement d'une tribu de marabouts nommés les Bni-Mezr'enna.

de ses *khoddâm*, et à les transmettre à qui de droit avec plus d'insistance. On comprend dès lors les prodigalités de ce sacristain, et l'excès que, tous les huit jours, il fait de ces aromates.

Approchons-nous, et furetons de l'œil dans le sanctuaire, puisqu'il n'est pas permis aux infidèles d'y pénétrer : l'*oukîl*, qui, sans doute, n'appartient pas au culte de Vesta, a laissé éteindre le feu sacré qu'il avait allumé la veille; sans trop se préoccuper des conséquences qu'aurait entraînées jadis cette coupable négligence, il rallume ses charbons avec le calme d'un *oukîl* qui n'a rien à se reprocher, et il y jette les parfums; une colonne de fumée s'en échappe et va s'épanouir en palmier dans la concavité de la coupole. Après ce coup d'encensoir, l'*oukîl* se retire et va s'étendre sur un fragment de natte au pied d'un olivier.

L'intérieur de la qoubba de Sidi Ia'qoub n'est rien moins que somptueux : les offrandes des fidèles ne seraient-elles point en rapport avec leurs demandes, ou bien l'*oukîl* (que Dieu nous pardonne cette hypothèse!) ne donnerait-il pas scrupuleusement aux dons des Croyants leur pieuse destination? En pays musulman, il y a tant de gens qui vivent grassement de leur saint, que notre supposition n'aurait rien d'exorbitant. Dans tous les cas, ce n'est pas en faveur de son tailleur que l'*oukîl* de Sidi Ia'qoub dissipe les fonds que lui confient les fidèles, car ce respectable sacristain est médiocrement vêtu ; peut-être n'est-il misérable qu'à la surface !

Des *h'aç'dïr* (nattes de jonc), dentelées par l'usage comme le bernous d'un Derkâouï, paraissent avoir la prétention de dissimuler les inégalités du sol de la qoubba, et de le rendre plus moelleux aux genoux des Croyants; des *ms'âbîh'* (lampes) en fer-blanc, et des *chema'* (cierges) de toutes les dimensions cerclées de papier doré pendent le long des murs du saint lieu, dont la nudité est dissimulée par de petits drapeaux de *mnououeur* (indienne, toile fleurie).

Le tombeau de Sidi Ia'qoub est surmonté d'une sorte de *tâbout* (catafalque) recouvert de soie verte et rouge, et bordé de bandes d'indienne bleue ; il présente la forme d'une *qbîba* (petite qoubba) terminée par un *heulâl* (croissant) doré. Aujourd'hui, jour de *ziâra*, quatre *snâdjeuq* (drapeaux) aux couleurs rouges, jaunes et bleues flanquent les angles du tombeau ; ces drapeaux, aussi bien que ceux qui tapissent les murailles de la qoubba, sont des *oua'âdi* (ex-voto) provenant de fidèles ayant eu beaucoup à demander au saint, ou considérablement à se faire pardonner.

La chapelle s'encombre ; les derniers venus attendent leur tour assis sur les *dkâken* (bancs en maçonnerie) construits de chaque côté de la porte ; un chapelet de Croyants entoure le tombeau ; ils sont là dans toutes les humbles attitudes de la prière. Les femmes sont en majorité : enveloppées dans leurs *h'euîîâk* et affaissées sur leurs talons, elles rappellent les saintes femmes au sépulcre du Christ. Un *derouech* (1), enroulé dans ses bernous rapiécés, dort couché en travers sur le tombeau de Sidi Ia'qoub ; il en attend, sans doute, des révélations. Une mère, accroupie sur la natte, présente au saint un enfant chétif et rabougri en marmottant une demande de santé et de force pour ce pauvre avorton qui est tout son espoir. Un *mehrouch* (déguenillé), prosterné la face contre terre, se maintient indéfiniment dans cette posture : il attend, évidemment, que le saint daigne lui faire connaître au juste le jour et l'heure où les Chrétiens — que Dieu les extermine ! — seront jetés à la mer. On l'a prédit tant de fois, et la prédiction s'est si peu réalisée jusqu'à présent, que les prophètes en sont sensiblement tombés dans le discrédit ; il serait temps que le saint, qui est du pays où doit poindre le *moulâ es-sâa'a* (maître de l'heure), et qui, indubitablement, a de grandes chances pour être bien informé, s'expliquât catégoriquement sur le moment de l'apparition de ce messie.

Vous verrez que le saint fera encore la sourde oreille, et qu'il ne répondra que trop vaguement à l'interrogation du déguenillé. Tout porte à croire, du reste, que Sidi Ia'qoub manque

---

(1) *Derouech* (derviche), homme détaché des choses de ce monde, et ayant fait vœu de pauvreté.

de renseignements précis sur l'époque où se produira cet événement si impatiemment attendu par tout bon musulman. Nous pouvons donc encore respirer, et il me semble que nous aurions tort de nous presser de faire nos malles.

Deux ou trois *oulâd-el-blâç'a* (1) (enfants de la place), assis à la manière arabe, et manquant complétement de cette pieuse attitude que réclame tout saint lieu, s'occupent de toute autre chose que de prières : l'un fait sa toilette en se passant les doigts des mains dans ceux des pieds; un autre détresse les franges d'or du drapeau qui est devant lui, et paraît être à la recherche du meilleur moyen de se procurer, comme talisman, bien entendu, quelques fragments de cette précieuse *oua'da* (ex-voto). Espérons que ses efforts seront couronnés de succès.

Après un séjour plus ou moins long sur le tombeau du saint, les fidèles se retirent en jetant à l'*oukîl* ou à l'*oukîla* quelques pièces de monnaie pour l'entretien de la qoubba. Nous devons dire cependant que quelques pèlerins négligent complétement ce pieux détail ; mais l'*oukîl* n'y prend pas trop garde. On ne trouve pas, du reste, chez les employés du culte musulman cette âpre cupidité qu'on remarque ailleurs : chez eux, pas de ces hommes-troncs qui, dans nos temples, prélèvent sur la bourse des fidèles, sous prétexte de besoins plus ou moins sérieux, des sommes qui, répétées, finissent par faire à ces parasites d'assez jolis revenus.

Les *zâïrîn* continuent d'arriver : ici, c'est un vieillard perclus qui rampe jusqu'au tombeau du saint : il lui demande d'être son intercesseur auprès du Tout-Puissant pour qu'il lui rende les forces de sa jeunesse, perdues dans les débauches sans doute; là, c'est une femme qui se traîne péniblement, les pieds nus, dans l'une des allées qui débouchent sur la qoubba. Que demande-t-elle? que Dieu la rende féconde, peut-être? c'est bien tard; mais il n'est rien d'impossible à Dieu. Et cette autre *zâïra* qui, se trouvant, probablement, dans

______

(1) C'est ainsi qu'on désigne les enfants indigènes qui exercent toutes les petites professions de la rue sans en avoir aucune.

une période d'impureté, se tient en dehors de la chapelle, le visage tourné dans la direction de la *Qîbla*, les mains jointes et ouvertes comme un livre?... Sa demande paraît urgente, à en juger par la volubilité qu'elle met dans sa pieuse requête. Elle est jeune encore : c'est, sans doute, la partialité de son mari dans la distribution des faveurs conjugales qui l'amène aux pieds du saint; elle désire que cette irrégulière situation soit au plus tôt modifiée, et, pour mettre Sidi Ia'qoub dans ses intérêts, elle jette deux sous à son *oukîla*.

Les saints portiques s'encombrent de plus en plus; les Croyants se bousculent pieusement pour arriver plus vite au tombeau de l'illustre marabout. En pays arabe, la galanterie n'est que très-imparfaitement pratiquée, et les femmes auront leur tour (1) quand les hommes qui viennent d'envahir la sainte demeure n'auront plus rien à demander à Sidi Ia'qoub.

Que peuvent désirer ces deux femmes qui pénètrent sur les terres du saint en riant, et en fouillant les massifs du seul œil dont elles se servent habituellement dehors? Est-ce bien à l'élu de Dieu qu'elles en veulent, et leur pieuse démarche auprès de son tombeau ne cacherait-elle pas plutôt quelque escapade dangereuse pour le front de leurs maris? En effet, les deux *zâïrât* longent la qoubba sans s'y arrêter, et le Hasard, qu'on traite d'aveugle, mais qui n'est que myope, les fait se rencontrer nez à nez avec deux pèlerins qui paraissent avoir beaucoup plus à demander à la créature qu'au Créateur. Des mères portant amarrés sur leurs dos des enfants souffreteux, viennent implorer le saint pour qu'il fasse rentrer dans ces pauvres petits corps la vie qui s'en échappe.

Les visiteurs vraiment pieux ont quitté leurs *sbâbot'* ou leurs *chbârel* (2) à l'entrée du jardin; quelques-uns les tiennent à la main; d'autres, dont la chaussure ne présente rien

____

(1) Dans les fêtes ou réunions, les femmes arabes sont toujours séparées des hommes, et ce n'est qu'accidentellement, ou lorsqu'elles sont classées dans la catégorie des *a'djaïz* (vieilles femmes), qu'on les rencontre avec les hommes.

(2) *Sbâbot'*, souliers d'hommes, et *chbârel*, souliers de femmes.

de tentant à la cupidité des voleurs, l'ont laissée à hauteur des premiers oliviers. Il faut dire que le plus ou moins de chemin parcouru sans souliers n'est pas indifférent pour obtenir l'intercession du saint, et les Croyants savent parfaitement que Sidi Ia'qoub tient exactement compte aux va-nu-pieds du trajet fait dans telle ou telle condition. Il est bien entendu que les faveurs de l'intercesseur ne sont acquises qu'aux musulmans qui, habituellement, marchent les pieds chaussés.

Dans quelques heures, Sidi Ia'qoub aura reçu la visite de la plupart de ses *khoddâm* qui habitent Blida ou les environs; le sanctuaire redeviendra silencieux, et l'*oukîl*, après avoir classé ses *ex-voto* et compté l'argent provenant de la générosité des fidèles (1), donnera un coup de balai dans la chapelle, et il en fermera la porte jusqu'au vendredi suivant. Les Croyants, remis à huitaine, rentreront soulagés dans leurs demeures, ou se dirigeront, en remontant la rivière, vers le *qbeur* (tombeau) de Sidi Ah'med-el-Kbîr.

S'il faut s'en rapporter à un vieux *khedîm* (serviteur) de Sidi Ia'qoub, qui nous a fait le récit suivant, les oliviers qui entourent le tombeau du saint avaient été condamnés, au commencement de notre occupation de Blida, à tomber sous la hache de nos soldats. « Après s'être attaqués inutilement, nous disait-il, à la *qoubba*, les *Ns'ârâ* (Chrétiens), sous le pauvre prétexte que les *zenboudj* favorisaient l'approche des Qabils, voulurent abattre ces vénérables compagnons du saint marabout; mais, cette fois encore, ils furent obligés de reconnaître leur impuissance et de s'avouer vaincus. Quand Dieu le veut, il ne ménage pas ses prodiges. Tu vas en juger.

« Quand les Français eurent décidé l'occupation de Blida, ils songèrent à l'entourer de murs pour s'y renfermer; la ville s'élevait alors blanche et coquette au milieu d'une forêt

____

(1) Les *qbâb* des marabouts qui n'ont pas de descendants sont, ordinairement, entretenues aux frais de l'État; dans ce cas, les *oukla* versent entre les mains de nos fonctionnaires les sommes provenant des fidèles, et reçoivent une rémunération qui, généralement, est fixée à 30 francs par an pour l'*oukil* et à 15 francs pour l'*oukila*.

d'orangers qui l'enveloppait de toutes parts comme un turban vert cerclant la tête d'un cherif. La nouvelle muraille pénétra brutalement en serpentant au travers de nos jardins. Lorsqu'elle fut achevée, le commandant de la ville, — c'était le *djenînâr Doufîfi* (le général Duvivier), — trouva que Blida étouffait dans sa robe de verdure; il lui fit donner de l'air en prescrivant de détruire impitoyablement tout arbre qui serait en dedans des limites qu'il avait fixées. La scie et la hache eurent bientôt raison de nos pauvres orangers, et, au bout de quelques jours, Blida paraissait une pestiférée dont on n'ose approcher dans la crainte de la contagion. Ce ne fut pas encore assez; Doufîfi ordonna de faire des trouées pour relier la ville aux camps extérieurs, particulièrement avec celui que nous nommions *Meh'allet-el-Kbîra* (1). Le chemin par lequel on communiquait avec ce camp passait tout près des *Zenboudj* de Sidi Ia'qoub, qu'il laissait à gauche. Il arriva, dit-on, — Dieu seul sait la vérité, — qu'un jour, des troupes sorties de Blida par Bâb-el-Qbour (2) furent attaquées par des Qabils qui s'étaient embusqués dans les oliviers. Cette attaque servit de prétexte pour décider la destruction de ces *zenboudj*. Cent zouaves, armés de haches, conduits par Doufîfi lui-même (3), se dirigèrent joyeux et en chantant vers les arbres de Sidi Ia'qoub : chacun de ces *kouffâr* (infidèles) choisit sa victime, et s'apprêta, heureux de détruire, à frapper ces respectables témoins du passage

---

(1) *Meh'allet-el-Kbira* (le grand-camp) était établie sur l'emplacement occupé aujourd'hui par le village de Joinville.

(2) Bâb-el-Qbour (porte des tombeaux) se trouvait sur la place de la Citadelle, à hauteur et à droite du quartier de cavalerie qui fait face aux bureaux de la Place.

(3) Dans l'intérêt de la vérité, nous devons dire qu'à la reprise des hostilités, en octobre 1839, Blida, dont l'occupation s'était effectuée le 7 février de la même année, était restée entourée d'un faible mur en pisé et masquée par les bois d'oliviers et d'orangers qui l'enveloppaient. Nous ajouterons que le respect de la propriété avait été poussé si loin par l'autorité militaire, qu'aucune voie de communication nouvelle n'avait été percée dans les jardins pour arriver à la ville.

du saint, — que Dieu soit satisfait de lui! — sur la terre. Cent haches menaçantes allaient s'abattre en sifflant sur ces vieux troncs crevassés, ridés par le temps ; rien ne paraissait pouvoir les sauver de la destruction, et quelques *khoddâm* de Sîdî Ia'qoub, qui avaient suivi les zouaves à distance, pleuraient et priaient tout en espérant cependant qu'il ne laisserait pas se consommer un pareil sacrilége. A l'approche des dévastateurs, le saint tressaillit en effet dans son tombeau, et, bien que le temps fût extrêmement calme, un frisson sinistre courut dans les feuilles frémissantes des *zenboudj* comme si elles eussent été soumises au souffle d'un vent violent du R'arb (ouest). Les zouaves ne parurent pas prendre garde à ce prodige qui, sans doute, ne fut sensible que pour les Croyants. Il devenait dès lors évident que l'intervention divine se manifestait. Aussi, quand chacun des zouaves, brandissant sa hache dans les airs, allait l'abaisser pour frapper, une hache, qui paraissait être l'ombre de la sienne, et que tenait une main invisible, s'éleva menaçante au-dessus de la tête de ces impies en suivant opiniâtrement tous leurs mouvements. Les zouaves de ce temps, assez incrédules et peu faciles à intimider, cherchèrent à plaisanter sur cette *kârâma* (miracle), et ils s'apprêtèrent, en jurant, à mener à fin leur œuvre de destruction; mais la merveilleuse hache persistait à imiter si impitoyablement les mouvements de la leur, qu'ils durent renoncer à cette dangereuse besogne. Doufifi, pour qui les haches enchantées étaient invisibles, ne comprenant pas que ses ordres restassent inexécutés, se mit à reprocher aux zouaves ce qu'il appelait, je crois, de l'indiscipline. Ces soldats lui ayant expliqué la cause de leur inaction, il pensa qu'ils voulaient se moquer de lui; il en fut très-irrité, et, pour leur prouver, d'ailleurs, son peu de foi dans les sortiléges et les miracles, il s'empara furieux d'une hache tombée des mains d'un zouave : l'air gémit terrifié sous le brutal élan qu'imprima Doufifi à son terrible *châkour* (hache), et un éclair livide raya l'espace en suivant la courbe décrite par le tranchant du redoutable instrument. C'en était fait du vieil olivier; mais Dieu, — qu'il soit exalté! — ne permit point que le *djenînâr* (général) fût plus puissant que ses soldats : une hache étincelante s'éleva en même temps que la sienne menaçant de s'abattre sur sa tête. Douâfi n'insista pas. Or, comme, bien que chrétien, c'était un homme sage, il reconnut qu'il y avait là quelque chose de surnaturel, et que ces arbres étaient sous la protection d'un pouvoir supérieur au sien. Il donna donc l'ordre de les respecter. Il se vengea, pourtant, de cet échec en faisant couper un grand nombre d'orangers et de figuiers qui ne firent aucune difficulté pour se laisser abattre. Il est vrai que ce n'était pas Sîdi Ia'qoub qui les avait plantés.

« La main protectrice du saint s'étendit toujours visiblement sur les lieux où il repose et sur ses serviteurs. Je veux t'en donner encore une preuve.

« Dieu, quelquefois, nous rendait invisibles aux yeux des Chrétiens, ou les frappait d'aveuglement. C'était un samedi; un détachement de zouaves bivouaquait sous les *zenboudj* pour observer les Bnî-S'âlah' qui, chaque nuit, descendaient de leurs montagnes pour rôder autour des postes français. On ne pouvait approcher du bois d'oliviers sans risquer d'entendre aussitôt siffler à ses oreilles les balles que ne manquaient jamais d'envoyer les sentinelles. J'avais juré de faire ma *ziâra* au tombeau de Sîdi Ia'qoub; je sentais bien que cette pieuse visite n'était pas sans danger; mais je savais aussi que Dieu peut tout, et que Sîdi Ia'qoub veillerait sur son serviteur.

« Je sortis de ma demeure, située dans les jardins de Blida, avant l'heure de la prière du *fedjeur* (point du jour), et je me dirigeai, en suivant le sentier que vous avez conservé (1), vers la qoubba du saint. Avant de pénétrer dans les *zenboudj*, je récitai le *dkeur* (2) de Sîdi Ia'qoub et je m'enfonçai dans le massif. Un feu de bivouac jetait ses

____

(1) C'est le sentier qui, de l'abreuvoir de la porte de la Citadelle, conduit au jardin public.

(2) *Dkeur* (mention, souvenir), prière particulière à un marabout.

dernières lueurs et éclairait en rouge les murs de la qoubba. Quelques hommes, accroupis autour du foyer, riaient comme rient les Français, et sans songer que la mort était à deux pas, peut-être, sous la forme d'un de nos Qabils. Je passai à le heurter auprès d'un factionnaire dont un arbre m'avait caché la présence; je me crus perdu, et il me semblait déjà entendre le cri sec d'un fusil qu'on arme. Il n'en était rien; la sentinelle ne m'avait pas aperçu, sans doute, car elle ne répondit à notre rencontre que par un murmure que je compris devoir être un juron au ton énergique dont il fut articulé : le zouave avait certainement cru s'être heurté à l'arbre. Il y avait là un prodige manifeste. Je continuai mon chemin en croisant plusieurs autres sentinelles qui ne me virent pas davantage bien qu'elles parussent regarder de mon côté. Une sueur froide perlait sur mon front ; je l'avoue, mon *invisibilité* me faisait peur. Au moment où je passais près du feu, un jet de flamme vint m'éclairer tout entier, et, cependant, aucun des hommes de garde ne m'aperçut. Je me précipitai dans la qoubba, et, me prosternant sur sa tombe vénérée, je remerciai Sidi la'qoub de la protection évidente dont il me couvrait; je le priai aussi de retenir dans mon cerveau mon esprit qui semblait vouloir s'envoler.

« Je sortis et traversai une seconde fois les gardes et les sentinelles sans qu'ils fissent attention à moi. Quand je fus hors des *zenboudj*, la peur me prit de nouveau, et je me mis à courir comme un *medjnoun* (possédé) tourmenté du démon. J'étais obsédé par une crainte vague d'être invisible pour ma famille comme je l'avais été pour vos soldats, et mon esprit ne reprit sa place que lorsqu'un de mes cousins, A'li-ben-Ioucef, qui allait en *ziâra* au tombeau de Sidi Ah'-med-el-Kbîr, me cria : — « Où cours-tu donc ainsi, ô Mos't'afa ? ne reconnais-tu donc plus le fils de ton oncle ? » Je l'accompagnai dans son pèlerinage à Sidi Ah'med, et quand, rentrant chez moi, mes enfants vinrent me saluer, je louai Dieu du fond de mon cœur.

« Quelques jours après, continua le Blîdî, vers minuit, et

par un ciel noir d'orage, un zouave indigène qui avait été mis en faction non loin de la qoubba de Sidi Ia'qoub, se précipitait vers le feu du bivouac sans fusil, sans châchîa, l'œil hagard, les vêtements en désordre comme à la suite d'une lutte, la *guet't'äïa* (1) flottant sur ses épaules. Interrogé sur la cause de sa terreur, il répondit qu'une *rouh'ânîa* (revenant), sortie de la qoubba de Sidi Ia'qoub, avait cherché à l'envelopper dans un immense *kfen* (linceul) blanc, en lui reprochant de servir les Chrétiens. C'est en s'efforçant de se débarrasser de ce suaire dont il sentait déjà le froid sur son corps, qu'il avait perdu son fusil et sa châchîa. Ce malheureux, qu'on nommait Moh'ammed-ben-Merouân, mourut dans la matinée du même jour sans avoir pu recouvrer sa raison.

« Je pourrais, ajoutait le *khedîm* de Sidi Ia'qoub, te citer mille exemples où l'intervention du saint s'est fait plus ou moins directement et aussi visiblement sentir. »

Nous allons raconter quelques-unes des affaires de sang dont furent témoins les Zenboudj de Sîdî-Ia'qoub.

Dès le mois de juillet 1839, il était visible qu'A'bd-el-Qàder se sentait mal à l'aise dans les limites que lui avait données le traité de la T'afna, et qu'il saisirait avec empressement tout prétexte qui lui permettrait de recommencer les hostilités. Les tribus campées au-delà du maigre périmètre que nous nous étions réservé dans la province d'Alger n'étaient pas moins impatientes que l'êmîr de reprendre leur existence de combats et de pillage. On sentait déjà dans l'air comme une odeur de poudre et de sang ; la guerre était proche, imminente, et la première étincelle devait l'allumer. Les H'adjâdjît' (Hadjout) surtout, ces hardis pillards, ces écumeurs de la Mtîdja, frémissaient de rage de l'autre côté de la Cheffa, et maudissaient l'êmîr qui les tenait inactifs quand, à deux pas de leurs campements, il y avait du butin à faire et des têtes de chrétiens à couper : supplice de Tantale. Un jour, c'était le 22 juillet 1839, quinze cavaliers de cette tribu, à

---

(1) La *guet't'äïa* est la touffe de cheveux laissée à l'occiput sur la tête rasée des Arabes.

bout de patience, se mettent sous les ordres de Brâhîm-ben-Kouïled, l'un des plus remarquables *quet't'âa'in et'-t'rîq* (coupeurs de route) de la Mtîdja, et lancent leurs chevaux dans l'ouâd Ech-Cheffa ; ils traversent les Bnî-S'âlah', qui leur livrent passage, et fondent comme l'ouragan sur les conducteurs de deux prolonges du Train qui chargeaient des pierres dans le lit de l'ouâd Sîdî-el-Kbîr. Les conducteurs, surpris par cette brusque agression en pleine paix, n'ont pas le temps de se mettre en défense; quelques-uns sont blessés, et les H'adjâdjît' poussent vigoureusement devant eux les seize mulets composant les attelages des prolonges. Le commandant du blockhaus de l'ouâd Sîdî-el-Kbîr (1) se met, avec dix hommes, à la poursuite des maraudeurs, et parvient à leur reprendre huit mulets. En revenant, ils s'empare de vingt bœufs appartenant aux Bnî-S'âlah' pour punir les gens de cette tribu d'avoir laissé passer les H'adjâdjît' sur leur territoire.

L'autorité française, s'appuyant sur le traité de la T'afna, demande au khelîfa de l'êmîr à Miliana, Sîd Moh'ammed-ben-A'llâl (2), la restitution des mulets volés et la punition des agresseurs. Le khelîfa, qui, sans doute, a déjà reçu les instructions de son maître, répond qu'il ne fera rendre cette prise que lorsque les Français auront eux-mêmes prescrit la restitution de celles faites par les tribus placées sous leur protection. C'était, en même temps qu'une fin de non-recevoir, un accroc manifeste au traité du 31 mai 1837. L'êmîr complète cet acte d'hostilité en défendant aux tribus de la rive gauche de la Cheffa de labourer leurs terres.

A partir de ce moment, les incursions hostiles, prodromes de la guerre, deviennent fréquentes ; nos soldats, après une trève de deux ans, vont laisser la pioche pour reprendre le fusil, et recommencer le pénible service des embuscades : rasés toutes les nuits dans les touffes de palmier-

---

(1) Le blockhaus de l'ouâd Sîdî-el-Kbîr était situé à l'entrée du Champ-de-Mars actuel, au-dessus de l'endroit où s'élève encore aujourd'hui le blockhaus défendant, en 1841, la tête du *fossé-obstacle* de la Mtîdja.

(2) Plus connu sous le nom de Sîd Mbârek.

nain comme des panthères ; rampant, le fusil armé, de buisson en buisson ; écoutant l'oreille à terre, et cherchant à surprendre soit les battues lointaines du galop des chevaux, ou le tintement métallique du châbir sur l'étrier, soit le bruissement sec et cassant produit dans les broussailles par le passage d'un affamé de butin et de sang, nos soldats n'auront plus, désormais, que des nuits sans repos ni sommeil. Souvent, derrière ces bouquets de jujubiers sauvages, se dérouleront des drames sanglants, des luttes sourdes, impitoyables, terribles : par une nuit sombre et pluvieuse, un conscrit qui rêve à sa mère, à son pays, à sa fiancée, sentira passer sur son visage, au détour d'un buisson, l'haleine brûlante d'un ennemi ; il verra dans l'ombre des yeux de feu allumés par le fanatisme, et, stupéfié, annihilé, fasciné, il ne songera pas à faire usage de son arme ; l'Arabe, avant de lui laisser le temps de jeter un cri, aura bondi sur sa proie, et son *kheud-mî* (couteau) aura bientôt séparé la tête du tronc. Parfois, pillards et embusqués se rencontreront comme ces mineurs cheminant souterrainement sous les murailles d'une ville assiégée. L'ennemi, heureusement, n'aura pas toujours affaire à des conscrits ; il pourra tomber dans une embuscade de vieux soldats que ses cris, que son impétuosité, que l'étrangeté de sa manière de combattre n'effraient plus ; il y aura alors lutte à outrance, corps-à-corps, blasphêmes, injures, râlements, puis, peu à peu, ces bruits s'éteindront, le silence se fera, et le calme de la nuit ne sera plus troublé que par le glapissement des chacals accourus à la curée. Aux premières lueurs du jour, il ne restera de tout cela que sol piétiné et maculé de sang, fleurs meurtries, branches brisées et haillonnées de lambeaux de bernous, et quelques cadavres cloués à terre par des bayonnettes françaises et machonnés par les hyènes ou les chacals.

Les mois d'août et de septembre 1839 se passent à surveiller les H'adjâdjit' qui, de jour en jour, deviennent plus audacieux : le 2 octobre, El-Bechir-ben-Kouïled, le plus intrépide cavalier de la Mtîdja, traverse la Cheffa, sous le prétexte de bœufs enlevés, à la tête d'un goum nombreux et armé, et vient fondre sur les Bnî-Khelîl. Craignant, avec quelque raison, les conséquences de cette agression, les H'adjâdjît' abandonnent en masse la rive gauche de la Cheffa, et transportent quatre cents de leurs tentes au-delà de l'ouâd Es-Sebt. Rassurés par la distance qu'ils ont mise entre eux et nous, ils se ruent dès lors presque impunément sur nos tribus alliées qu'ils razent impitoyablement.

Cette guerre d'escarmouches prend chaque jour des proportions plus considérables ; l'ennemi nous étreint comme dans un cercle de feu; nous sommes littéralement bloqués entre les montagnes, l'ouâd El-H'arrâch et l'ouâd Ech-Cheffa. Le 12 octobre, et c'est de ce jour que date la reprise sérieuse des hostilités, les H'adjâdjît' enlèvent un troupeau sur notre territoire à un Khelîlî revenant du marché du Sebt. L'intrépide commandant du camp de l'ouâd El-A'llâïg (1), le chef de bataillon Raphel, du 24ᵉ de ligne, s'élance à la poursuite des pillards à la tête de quatorze chasseurs d'Afrique ; tombés, au détour d'un bois, dans une embuscade de deux cents H'adjâdjît', nos cavaliers sont bien vite entourés, cernés, enveloppés ; malgré leur valeur, ils succomberont; ils le savent, mais ils vendront chèrement leur vie. Déjà trois chasseurs, atteints mortellement, ont roulé sous le ventre de leurs chevaux, et trois H'adjâdjît' ont mis pied à terre pour leur couper la tête. C'en était fait de notre poignée de braves si le piquet du 24ᵉ de ligne, qui a sauté sur ses faisceaux aux premiers coups de fusil, ne s'était porté rapidement au secours des cavaliers. A la vue des bayonnettes de nos fantassins, les H'adjâdjît', qui ne paraissent pas se soucier de les attendre, lâchent leur proie et s'enfuient dans la direction de la Cheffa.

Vers la fin d'octobre, les Bnî-S'âlah', cédant à l'entraînement général, commencent à inquiéter Blida en tirant sur la

(1) *L'ouâd El-A'llâïg*, la rivière des Ronces, dont nous avons fait, avec notre déplorable manie d'estropier les noms, *l'ouâd El-A'leug*, la rivière des Sangsues.

ville du haut des premiers mamelons qui dominent la rive gauche de l'ouâd Sîdi-el-Kbîr.

Ce n'est que le 19 novembre que la guerre fut officiellement déclarée par l'êmîr : un brillant cavalier, montant un cheval richement harnaché, se présente au blockhaus de l'ouâd-Sîdi-El-Kbîr porteur d'une lettre dans laquelle A'bd-el-Qâder cherche à démontrer que le bon droit est de son côté. A partir de ce jour, nos tribus alliées font défection et nous découvrent ; nos convois sont poursuivis, traqués, harcelés, attaqués, et nos détachements souvent massacrés ; c'est, désormais, une guerre sans merci, et dans laquelle nous paierons cher notre incorrigible mépris du danger.

Le 1er novembre, le khelîfa de Médéa, Sîd Moh'ammed-ben-A'ïçâ-el-Berkânî, était venu, avec son bataillon régulier et les contingents qabils de son khelifalik, prendre ses bivouacs chez les R'ellâï, sur les crêtes en face de Souma'a. De ce point, il embrassait la plaine, et aucun convoi ou détachement ne pouvait sortir de Blida ou de Bou-Fârîk sans être aperçu. Les *biïda'ïn* (espions) qu'il avait dans nos camps le tenaient, d'ailleurs, au courant de tous nos mouvements.

Le khelifa, qui brûlait du louable désir de combattre dans *le sentier de Dieu*, avait pris position, le 20 novembre, sur l'ouâd Bni-A'zza avec huit cents réguliers, six cents fantassins de ses contingents, et un millier de cavaliers de goum ; il attendait là au passage, embusqué dans la rivière et dans les bouquets de bois qui avoisinent Merêd, un convoi considérable qui, de Bou-Fârîk, se dirigeait sur Blida : contingents et réguliers ne tardèrent pas à être sabrés, hachés, culbutés par les chasseurs d'Afrique, qui n'arrêtèrent leur poursuite que dans les broussailles qui couvraient alors le pays des Oulâd-la'ïch (1).

Après cet échec, le khelîfa éprouva le besoin d'aller refaire, au chef-lieu de son khelifalik, ses réguliers et ses contingents si fort maltraités dans cette journée du 20 novembre ; il fallait les réarmer et remplir les vides qu'avaient faits dans

---

(1) Sur l'emplacement où, depuis, fut établi le village de Dalmatie.

leurs rangs les sabres de nos chasseurs ; il était urgent, en un mot, de les remettre en état de continuer la guerre. C'est dans ce but qu'El-Berkânî quittait, le 29 novembre, son bivouac des R'ellâï et se dirigeait sur Médéa.

Le 2 décembre, le khelifa Sid Moh'ammed-ben-A'llâl arrivait, avec son bataillon régulier, de Miliâna où il commandait, et s'établissait, sous des *grâba* (gourbis), dans les montagnes des Bnî-Chebla, fraction des Bnî-S'âlah'. Les contingents de son *out'en* (district), qu'il venait de convoquer pour trois mois, l'avaient suivi, et dressaient leurs *a'châïch* (cabanes faites de branchages, de roseaux) auprès du camp des réguliers.

Le khelîfa El-Berkânî, jaloux de venger l'affront que nous avions fait subir à ses armes, ne s'était arrêté que quelques jours à Médéa ; le 7 décembre, il arrivait chez les Bnî-S'âlah', et occupait, avec son infanterie régulière, un village abandonné des Sa'ouda.

On sentait que l'ennemi se préparait à frapper un grand coup : les forces qu'avaient rassemblées dans les Bnî-S'âlah' les kheulfâouât Ben-A'llâl et El-Berkânî se composaient, au 20 décembre, de deux mille réguliers et de six mille hommes des contingents de leurs commandements de Miliâna et de Médéa. Les garnisons de Blida et du Camp-Supérieur, qui n'avaient à opposer à ces forces que trois mille hommes affaiblis par les maladies, par les misères et par toutes les privations, devaient, nécessairement, et c'est ce dont elles enrageaient, borner leur action à une fatigante défensive.

Outre ses fantassins, l'ennemi disposait encore d'une nombreuse cavalerie irrégulière, et d'une centaine de spâhis réguliers campés habituellement à Zenboudjet-el-Iâbsa, au-delà d'El-A'froun. Au premier signal, toute cette *khîâla* (cavalerie) pouvait traverser la Cheffa et prendre, au besoin, sa part dans l'attaque.

Pour se compléter, El-Berkânî avait fait venir de *son arsenal* de Médéa trois canons de 4 dont Ben-A'llâl avait espéré les plus foudroyants effets. Pressé de détruire Blida, ce

dernier s'était hâté de faire établir une *t'obbána* (batterie)
dans le jardin de Bâbâ-Mouça, sur un petit mamelon situé à
cinq cents mètres au sud-ouest de la Koudiet-Mimich (1), et,
le 18 décembre, ses *t'obdjía* (canonniers) ouvraient leur feu
sur la ville. Malheureusement, cette artillerie ne répondit que
médiocrement à l'attente de Ben-A'llâl, et ce lieutenant de
l'émir reconnut avec douleur que ses boulets allaient mourir
essoufflés au pied des murailles de la place.

Nous ajouterons que, malgré sa parfaite innocuïté, cette
canonnade avait pourtant fini par donner sur les nerfs aux
artilleurs de la garnison de Blida ; ils sollicitèrent du général
Duvivier l'autorisation d'aller lui imposer silence. Le général
y ayant consenti, nos artilleurs profitèrent de la nuit suivante
pour établir sur la Koudiet-Mimich une batterie qu'ils armè-
rent de deux pièces. Le matin, dès l'aurore, les canons ennemis gisaient sur le dos avant même que les *t'obdjía* se fussent
aperçus de l'établissement de la batterie française.

Chaque jour du mois de décembre 1839 fut marqué par un
combat : la proximité de l'ennemi, la position dominante qu'il
occupait au-dessus de la ville et du Camp-Supérieur, position qui ne nous permettait ni de lui cacher la faiblesse de
nos effectifs, ni de lui dérober la connaissance de nos mouvements ; cette situation , disons-nous , devait nécessairement enhardir l'ennemi et le disposer à l'attaque. C'est,
en effet, ce qui arrivait : dès que les Qabils voyaient le
moindre mouvement indiquant une sortie, ils descendaient
en masse de leurs montagnes, franchissaient la rivière, s'embusquaient dans les oliviers et les orangers de la rive droite,
et, de là, invisibles à nos troupes, ils pouvaient les fusiller à
peu près impunément. Nos gardes, nos travailleurs étaient
journellement attaqués dans leur trajet entre le Camp-Supérieur et Blida, et c'était toujours dans les fourrés du Bois-Sacré que commençait la lutte ; aussi, nos soldats, sans respect
pour Sîdî Ia'qoub, avaient-ils décidé à l'unanimité que l'épi-
thète *Sacré* serait placée, dorénavant, avant le substantif
Bois,

Sid Moh'ammed-ben-A'llâl, fatigué de l'inefficacité du feu de son artillerie contre les ouvrages de la Koudïet-Mîmîch et ce que nous appelions pompeusement la citadelle de Blida, avait chargé El-Berkânî d'établir *ses batteries* sur la Koudïet-Aa'meur-ou-A'mmâr (1), à cinq cents mètres du block-haus de l'ouâd Sîdî-el-Kbîr (2). Le but de Ben-A'llâl était de ruiner ce blockhaus qui, avec le Camp-Supérieur, gardait Blida à l'ouest contre les incursions des H'adjâdjit' et des autres tribus hostiles de la rive gauche de l'ouâd Ech-Cheffa. L'artillerie ennemie se composait de deux des pièces de 4 que le khelifa El-Berkânî avait fait venir, nous l'avons dit, de Médéa depuis huit jours.

Le 25 décembre 1839, vers huit heures du matin, l'enne-mi, fort de deux mille hommes, se développait sur les pentes étagées des Sa'ouda : les réguliers d'El-Berkânî sont là, car leur drapeau rouge à croissant blanc enfermant une étoile flotte sur un mamelon en arrière d'une foule peletonnée en désordre dans les broussailles de chêne. La teinte terreuse et gris-sale du bernous des *trâris* (3) donne au sol en gradins sur lequel ils sont groupés un aspect bizarre, étrange : c'est comme un amas de rochers superposés en vue d'une es-calade titanique. Quelques cavaliers parcourent ces masses qui s'entr'ouvrent devant eux ; ils donnent, sans doute, les derniers ordres pour le combat. Les deux pièces, la gueule dirigée sur le blockhaus, sont en batterie sur la Koudïet-Aa'meur-ou-A'mmâr ; les canonniers, tous Maures d'Alger, sont à leur poste attendant le signal de faire feu.

Le blockhaus de Sîdî-Ia'qoub, misérable bicoque de bois,

---

(1) La Koudïet-Aa'meur-ou-A'mmâr est le mamelon situé sur la rive gauche de l'ouâd Sîdî-el-Kbîr, derrière l'Abattoir. On y avait établi, en 1840, un blockhaus qui, depuis, a disparu.

(2) Les Arabes désignaient ce poste sous le nom de blockhaus de Sîdî-Ia'qoub.

(3) *Trâris*, fantassins des contingents.

a une garnison de trente hommes du 23ᵉ de ligne commandés par le lieutenant Gœury; ils voient par les créneaux, et sans trop paraître s'en préoccuper, ce formidable déploiement de forces; ils ne restent point inactifs pourtant : les armes sont chargées, les pierres à fusil examinées avec soin, et les cartouches placées dans un mouchoir noué en ceinture autour du corps.

Un convoi de vivres et de munitions, parti du Camp-Supérieur vers trois heures du matin sous la protection d'une forte escorte, a pu, heureusement, être jeté dans le poste qui manquait de tout; or, à cette époque, un ravitaillement était une sorte de fête pour les garnisons enfermées pendant huit ou dix jours et quelquefois plus dans des blockhaus de quatre mètres carrés; à défaut d'air, on avait des vivres frais et des cartouches, et la joie reparaissait sur tous les visages. Aussi, nos trente fantassins, sous l'influence de cet événement capital, paraissent-ils, malgré la gravité de la situation, pleins de gaîté et de bonne humeur. Ils savent par expérience que les Arabes sont incapables de s'emparer de la plus faible bicoque défendue par des Français; cependant, aujourd'hui, ils doivent être attaqués avec du canon, et la proximité de la batterie ennemie modifie sensiblement à leur désavantage les conditions ordinaires du combat. Ils attendent néanmoins avec insouciance, et tout en lui lançant des quolibets, que l'ennemi veuille bien *entamer la conversation.*

L'intrépide commandant du poste leur donne ses dernières instructions dans un langage qui, pour ne pas être exactement celui de Xénophon, n'en a pas moins sa valeur militaire:
— « Camarades, leur dit-il, ils sont deux mille et nous sommes trente; ils ont du canon et nous n'en avons pas; donc
« la partie est égale! La danse va commencer; ouvrons l'œil;
« surtout pas de gaspillage; attendons tranquillement que
« ces pouilleux descendent dans la rivière, ce qui ne
« tardera pas, et ne tirons qu'à coup sûr. Ne nous emportons pas; soyons calmes; voyons venir, et visons la poitrine:
« c'est l'endroit sensible du Bédouin! »

A peine le lieutenant a-t-il achevé son éloquente allocution, qu'un boulet vient s'enterrer en rugissant dans la berge de la rivière au-dessous du blockhaus. Une immense clameur qui n'a rien des notes de la voix humaine sort de deux mille poitrines ennemies en même temps que le canon crache son projectile de fer ; la garnison y répond par des huées qu'accompagne le tambour du poste en battant un joyeux rigodon. Les boulets de l'ennemi se succèdent lentement et toujours avec le même insuccès : ils passent en sifflant au-dessus du blockhaus, ou ils viennent mourir en-deçà. Chaque coup est accueilli par les mêmes huées de la garnison et par le rigodon moqueur du tambour. L'ennemi a déjà lancé quinze boulets, et le blockhaus est encore intact.

Les réguliers d'El-Berkâni, furieux de la maladresse des *t'obdjia* (canonniers), leur prodiguent les sarcasmes et les insultes ; l'amour-propre de ces maladroits canonniers est piqué sans doute, car un seizième boulet enlève la toiture du blockhaus. Les huées de l'impitoyable garnison n'en redoublent pas moins, et le tambour, voulant cependant féliciter l'ennemi sur son adresse, bat cette fois gravement *aux champs*. Les artilleurs, fiers à juste titre de leur seizième coup, lancent encore, mais sans succès, trois boulets qui vont se perdre on ne sait où. Irrités de leur impuissance et du mépris qu'elle excite parmi les nôtres, les gens d'El-Berkâni s'arment de poutres, de madriers, de fascines, et se ruent, en poussant des cris féroces, à l'assaut de la redoute qui défend les approches du blockhaus.

— « A nous, enfants ! » s'écrie le lieutenant Gœury d'une voix qui domine le bruit de l'avalanche humaine qui va fondre sur le poste ; « du calme, et visons juste. »

Les Qabils roulent plutôt qu'ils ne descendent de leur montagne ; c'est un torrent, un ouragan brisant, renversant tout sur son passage ; les broussailles s'en vengent en se pavoisant de lambeaux de bernous qui restent accrochés à leurs branches. Les assaillants s'excitent par des cris, par des injures et des menaces terribles adressées aux assiégés.

Les défenseurs du blockhaus décapité sont à leur poste ; chaque créneau, chaque mâchicoulis montre un canon de fusil à l'ennemi, et trente hommes, le doigt sur la détente, se tiennent prêts à choisir leur victime.

Le bataillon régulier du khelifa de Médéa, aux ordres de l'âr'â (1) de l'infanterie El-H'âdjdj-Mah'med-el-A'mmâli, est resté en réserve dans l'ouâd Bou-A'rfa.

Les contingents d'El-Berkâni se précipitent dans l'ouâd Sidi-el-Kbir et le traversent en désordre. Le blockhaus se tait toujours. L'ennemi, arrêté un instant par la berge à pic de la rive droite, se masse et s'entasse au-dessous de la redoute ; quelques Qabils, qui, à la faveur des oliviers et des figuiers de Barbarie, ont pu tourner le blockhaus à droite et à gauche, accourent pour tenter le passage du fossé en se faisant un pont de leurs madriers, ou en comblant l'obstacle avec des fascines ; quelques têtes apparaissent, en même temps, au-dessus des berges ; le blockhaus est toujours silencieux. Les masses s'élèvent et enveloppent la redoute pareilles aux vagues envahissant un écueil. Il n'y a pas de temps à perdre ; le lieutenant l'a compris : — « Feu partout ! » s'écrie-t-il, « c'est le moment..... » Le blockhaus se cercle d'une couronne d'éclairs et de fumée, et vingt Qabils vont rouler en bondissant dans les fossés de la redoute ou par-dessus les escarpements de la rivière : ce ne sont déjà plus que des cadavres. Pas une balle n'avait été perdue.

Cet accueil amène un temps d'arrêt dans l'attaque ; les assaillants se pelotonnent, se regardent et reculent. Les dé-

______

(1) L'infanterie régulière de l'émir était divisée par compagnies : chaque compagnie, commandée par un *siiâf* (porte-épée), se composait, habituellement, de 100 hommes, ce qui la faisait désigner sous la dénomination de *miia* (centaine). Chaque khelifa de l'émir avait auprès de lui un bataillon (8 compagnies) d'infanterie régulière recrutée dans son commandement. Ces compagnies étaient placées sous les ordres d'un *âr'â* ou commandant supérieur de l'infanterie, qui recevait les ordres du khelîfa pour tous les mouvements de troupes. L'emploi d'âr'â de l'infanterie répondait à notre grade de chef de bataillon.

fenseurs du blockhaus en profitent pour recharger leurs armes. Honteux de leur mouvement rétrograde, les fantassins ennemis se précipitent de nouveau, excités par quelques-uns des leurs, à l'assaut de la terrible redoute ; mais toute poitrine qui se présente sur le bord du fossé est une poitrine trouée. Vingt fois ils reviennent à la charge en poussant des cris sauvages, et vingt fois leurs efforts viennent se briser sur la lèvre du fatal fossé.

L'attaque mollit sensiblement ; il n'y a plus guère que quelques fanatiques qui viennent se faire tuer, sans profit pour leur cause, sur les parapets de la redoute. Les assaillants finissent par se retirer en emportant leurs morts et leurs blessés à l'abri des escarpements sinueux de l'ouâd Sidi-el-Kbîr.

Les défenseurs du blockhaus peuvent entendre les *trâris* crier, discuter, s'injurier. Le silence se fait cependant; ils préparent, sans doute, une nouvelle attaque ; mais la petite garnison est toujours sur ses gardes. Chaque homme a glissé deux balles dans son fusil, et s'apprête à bien recevoir l'ennemi s'il revient à la charge.

Vers deux heures, de grands cris s'élèvent du fond de la rivière ; en un instant, huit cents Qabils, porteurs, pour la plupart, d'une fascine de nérions qu'ils ont coupés dans l'ouâd, se ruent avec l'impétuosité du fanatisme à l'assaut de la redoute; ils vont atteindre le fossé et le combler en y jetant leurs fascines. Les assiégés recommencent leur feu, qui produit des effets terribles ; cependant, il n'arrête pas l'ennemi : le fossé est franchi sur plusieurs points ; les parapets sont escaladés. Malheur aux téméraires qui pénètrent dans la redoute ! ils n'en sortiront pas vivants. Mais il faut que les assiégés rechargent leurs armes ; pendant ce temps, la redoute s'envahit. Quelques Qabils sont parvenus à amasser au pied du blockhaus des fagots de broussailles sèches : leur projet est clair, ils veulent y mettre le feu.

La position des défenseurs du poste est on ne peut plus critique ; il n'y a pas un instant à perdre : le lieutenant fait hisser le signal de détresse convenu. Le Camp-Supérieur court aux armes, et prépare une sortie pour dégager la garnison du blockhaus. Le colonel Gentil, du 24e de ligne, organise deux colonnes ; l'une, composée d'un bataillon de ce régiment, doit opérer, par la gauche, dans la direction du bois d'oliviers de Sîdi-Ia'qoub ; l'autre, formée d'un bataillon du 23e de ligne, se portera par la droite sur le blockhaus menacé, en traversant les figuiers de Barbarie d'El-H'amâda (1) ; le colonel du 24e, avec deux obusiers de 12, se placera au centre. Les colonnes se mettent en marche dans cet ordre.

Comme on l'avait prévu, dès que les fantassins des contingents voient les troupes sortir du Camp-Supérieur, ils abandonnent l'attaque du blockhaus pour marcher à la rencontre des colonnes. Le bataillon régulier d'El-Berkânî, tenu jusqu'alors prudemment en réserve, descend enfin dans la plaine formé en colonne par pelotons : ses tambours battent; son drapeau rouge flotte au-dessus des bayonnettes. L'âr'à de l'infanterie, El-H'âdjdj-Mah'med-el-A'mmâli, commande le bataillon fort de huit cents hommes environ ; il fait valoir, en avant de sa troupe, un admirable cheval noir, présent de l'émir A'bd-el-Qâder ; les sîtâfîn (2), également montés, caracolent sur le flanc de la colonne. Ce bataillon, d'assez bonne mine, marche droit au 23e de ligne, dont il imite d'ailleurs, tous les mouvements. A l'exemple de ce dernier, il a jeté une compagnie en tirailleurs dans les figuiers de Barbarie.

Les forces irrégulières d'El-Berkânî se tiennent en arrière de ses réguliers ; elles semblent attendre, pelotonnées en groupes, que l'attaque des Français se dessine.

Le 23e est heureux de la part qui lui échoit ; il a devant lui un ennemi qui l'attendra, peut-être, un ennemi saisissable enfin. Il compte bien profiter de cette bonne aubaine, et se

____

(1) *El-H'amâda* est le terrain dont on a fait le Champ-de-Mars actuel; il était, en 1839, couvert de *keurm en-Ns'ârâ*, figuiers des Chrétiens, que, par esprit de contradiction, sans doute, nous appelons figuiers de Barbarie.

(2) Les *sîtâfîn* étaient les commandants des compagnies.

venger sur ces réguliers des incessantes et irritantes attaques au moyen desquelles les Qabils des contingents le tiennent constamment sur un qui-vive fatigant ; le 23ᵉ veut leur faire payer ses jours sans repos, ses nuits sans sommeil, ses repas avortés ou remis au lendemain, et cette guerre de chicane et d'embûches où, le plus souvent, on reçoit le mal sans pouvoir le rendre, cette guerre où manque presque toujours la voluptueuse satisfaction de savoir où diriger un projectile qu'on serait si heureux de caser dans une poitrine ennemie. C'est atroce ; mais c'est dans la nature. Le 23ᵉ est bien aise aussi de tâter sur le terrain l'instruction militaire des fantassins d'El-Berkâni. de ce bataillon qui, le 7 décembre, est venu prendre position chez les Sa'ouda en affectant, pour prouver qu'il était bien régulier, d'exécuter toutes nos manœuvres au son de nos batteries réglementaires, provocation que, du reste, nos troupiers s'étaient bien promis de punir à la première occasion.

Les tirailleurs des réguliers, embusqués dans les figuiers de Barbarie, commencent le feu ; les nôtres, qui ont reçu le mot, y répondent pour la forme, mais sans avancer. Le bataillon du 23ᵉ a fait halte : il ne veut pas s'engager dans les figuiers, et ses efforts vont tendre à attirer les réguliers sur un terrain plus découvert, à hauteur de la route actuelle de Médéa. Cette sorte de timidité qu'affectent nos tirailleurs et le bataillon massé derrière eux enhardit les gens d'El-Berkâni qui avancent toujours. Le 23ᵉ simule, enfin, un mouvement de retraite que les réguliers attribuent à sa faiblesse numérique (ce bataillon avait à peine 400 hommes) ; l'ennemi accélère son allure ; il est hors des figuiers. Le colonel du 24ᵉ, sortant des oliviers de Sidi Ia'qoub, débouche tout à coup sur son flanc droit avec ses deux obusiers, et jette en un instant le désordre chez les réguliers, lesquels n'ont pu vaincre encore la terreur superstitieuse que leur causent les projectiles creux ; le 23ᵉ fait alors demi-tour et fond sur l'ennemi à la bayonnette avec une impétuosité irrésistible. Les *sîâfîn* et l'âr'à El-H'âdjdj-Mah'med-el-A'mmâli essaient de rallier leur troupe ; mais les injures, les coups de sabre sont impuissants pour arrêter la déroute ; les officiers, enroulés dans les groupes pelotonnés des fuyards, sont entraînés par ce torrent d'hommes qui se précipite, dans une course vertigineuse, vers l'ouâd Sidi-el-Kbir. Le 23ᵉ est sur les talons des réguliers ; ses bayonnettes boivent du sang ; il n'y a qu'à frapper dans cette cohue insensée, qui jalonne sa route de cadavres, d'armes, de lambeaux d'uniformes, d'effets d'équipement, de *blâr'i* (1), de caisses de tambours.

Les troupiers du 23ᵉ, qui s'en donnent à cœur joie, semblent vouloir prouver que la vengeance n'est pas un plaisir exclusivement réservé aux dieux. Ils sont, du reste, fixés sur l'instruction pratique des *a'çâkeur* (soldats) d'El-Berkânî, qui, le 7 décembre, paraissaient si forts en manœuvres lorsqu'ils vinrent prendre leurs cantonnements chez les Sa'ouda : — « Décidément, ils ont encore besoin de travailler, » pensent nos fantassins en les poursuivant.

Les réguliers, heureusement pour eux, finissent par atteindre l'ouâd Sîdi-el-Kbîr ; ils s'y précipitent comme une avalanche, et disparaissent dans les ravins boisés des Bnî-S'âlah'.

Dès le commencement de l'action, le colonel Gentil avait donné l'ordre au commandant du piquet, le capitaine Duga, du 24ᵉ de ligne, de se mettre en communication avec le lieutenant commandant le poste de Sîdi-Ia'qoub, et de l'autoriser à faire sauter le blockhaus dans le cas où la garnison serait compromise, ou croirait ne pouvoir s'y maintenir. Le capitaine Duga, blessé en cherchant à remplir cette dangereuse mission, est obligé de céder son commandement au sous-lieutenant d'Alton. qui se fait jour à la bayonnette jusqu'au blockhaus au travers des groupes de *trârîs* restés embusqués dans les jardins et les oliviers de Sîdi-Ia'qoub. Informé de l'autorisation qui lui permet d'évacuer son poste endommagé par le canon de l'ennemi, l'intrépide lieutenant Gœury répond au sous-lieutenant d'Alton : — « La position est encore tenable, et j'y reste. »

(1) *Blâr'i* (pluriel de *belr'a*), pantoufles jaunes dont étaient chaussés les fantassins réguliers.

L'infanterie des contingents n'a pas suivi le mouvement de retraite du bataillon régulier ; une grande partie de cette troupe s'est établie, nous venons de le voir, dans le bois d'oliviers de Sidi-Ia'qoub, et n'a pas tardé à en venir aux mains avec le bataillon du 24ᵉ de ligne formant la colonne de gauche.

Grâce aux orangeries couvrant les approches des Zenboudj, ce bataillon, aux ordres du commandant Carbuccia, a pu arriver inopinément jusqu'à l'ennemi, et nos hommes se sont élancés à la bayonnette sur les groupes surpris qui, d'abord, lâchent pied. Ils se ravisent cependant ; ils sentent que le terrain sur lequel ils combattent est particulièrement propre à la résistance ; ils savent aussi qu'ils sont quatre contre un : ils se rallient, se groupent et tiennent bon. Le bois d'oliviers est néanmoins pris et repris. Tantôt les Qabils, cédant sous les emportements d'un effort suprême, sont rejetés au-delà des *zenboudj* ; tantôt nos soldats, fléchissant à leur tour sous le choc des masses qui se ruent impétueusement sur eux, reculent dans les jardins qui enveloppent les vieux oliviers. C'est, pendant quelques instants, une fluctuation furieuse, un va-et-vient de vagues humaines qui se pénètrent, se rejettent, et se confondent de nouveau dans une sanglante mêlée avec des bruits sourds, étouffés, sinistres ; chaque arbre devient le témoin d'une lutte atroce ; c'est un bouclier dont se servent tour à tour et Français et Qabils. Les *trâris* combattent avec une opiniâtreté, un acharnement extraordinaire ; il y a plus que de l'amour de la patrie derrière cette férocité ; on sent qu'il y a surtout de la religion. Ce n'est plus seulement l'Arabe combattant le Français ; c'est surtout la guerre du musulman contre le chrétien ; c'est cette vieille haine, aussi vivace aujourd'hui qu'elle l'était au VIIᵉ siècle, quand Mouçâ-ben-Nâc'eur vint poser aux chrétiens d'Afrique, à la pointe de son cimeterre, ce brutal dilemme du massacre ou de la conversion.

Le bataillon du 24ᵉ, lancé vigoureusement une dernière fois par le commandant Carbuccia, se rue avec une ardeur impétueuse sur l'ennemi, et le précipite dans l'ouâd Sidi-El-Kbîr.

Nous avons laissé le bataillon du 23ᵉ achevant la poursuite des réguliers d'El-Berkâni, lesquels s'étaient empressés de se mettre à l'abri des coups de nos soldats en regagnant leurs montagnes. Entraîné plus loin que la prudence ne l'eût permis, ce bataillon avait été, à son tour, vigoureusement attaqué, avant qu'il se fût reformé, par un gros parti qabil qui s'était tenu caché dans la rivière. Le 23ᵉ fait là des pertes très-sensibles. Il parvient cependant à se rallier et à tenir tête à l'ennemi.

Le bruit du canon avait donné l'éveil dans la montagne; en un clin d'œil les crêtes, les mamelons s'étaient couverts de Qabils armés s'apprêtant à défendre leur pays qu'ils croyaient menacé. La défaite des réguliers leur avait fait craindre que nos colonnes ne voulussent compléter leur succès en envahissant la montagne. Nous étions numériquement trop faibles pour songer à tenter une semblable opération. Ce déploiement des forces qabiles enhardit cependant les *trârîs* d'El-Berkâni, qui se lancent de nouveau avec beaucoup de résolution sur nos deux petites colonnes; le bataillon du 24ᵉ, qui les avait chassés des *zenboudj*, les reçoit au bout de ses bayonnettes ; ils n'insistent pas ; mais ils se rejettent en masse sur le bataillon du 23ᵉ, qu'ils cherchent vainement à entamer.

Le nombre des Qabils augmentant toujours, et le colonel Gentil ne voulant pas prolonger un combat meurtrier désormais sans utilité, puisque le blockhaus de Sîdi Ia'qoub était dégagé sinon pour longtemps, du moins pour la journée, il ordonne la retraite, qui se fait en bon ordre, malgré les attaques acharnées de quelques centaines de fanatiques qui osent s'avancer jusqu'à trois cents mètres des parapets du Camp-Supérieur, sous le feu de deux pièces de 8 qui leur envoient quinze coups à boulet et huit à mitraille.

Pendant le combat, la garnison du blockhaus avait pu déblayer les fossés et l'intérieur de la redoute où les assaillants avaient jeté des fascines et amassé des broussailles sèches ;

elle se tenait prête à soutenir une nouvelle attaque ; mais la nuit étant venu, les contingents d'El-Berkâni, qui, d'ailleurs, avaient fait des pertes très-sensibles dans l'attaque de la redoute et dans les combats de la journée, s'étaient décidés à regagner leurs cantonnements des Sa'ouda.

Six jours après, le 31 décembre 1839, le brillant combat de *H'aouch-el-Mebdoua'* (1), qui eut pour résultat immédiat la levée du blocus de Blida et du Camp-Supérieur, débarassa, pour le moment du moins, le blockhaus de Sîdî-Ia'qoub de toute crainte d'attaque sérieuse.

Les premiers jours de l'année 1840 furent marqués par des combats qui eurent toujours pour théâtre le terrain compris entre Blida et le Camp-Supérieur. Nos gardes, nos détachements, nos convois de ravitaillement, nos travailleurs étaient sans cesse attaqués par des partis ennemis qui s'embusquaient pendant la nuit dans les oliviers de Sîdî-Ia'qoub. Ce genre d'attaque était surtout réservé aux fantassins des contingents des *kheulfâouât* Moh'ammed-ben-A'llâl et Moh'ammed-ben-A'ïçâ-el-Berkâni établis, nous l'avons dit, chez les Bni-S'âlah'.

Les réguliers, depuis leur échec du 25 décembre et leur déroute du 31, n'avaient pas osé repasser l'ouâd Sîdi-El-Kbîr, bien qu'en vue d'une attaque prochaine, sans doute, les spahis de Ben-A'llâl eussent quitté, depuis une quinzaine de jours, leur bivouac d'Ez-Zenboudjet-el-Iâbsa pour se rapprocher de l'ouâd Ech-Cheffa. Ce khelîfa, le plus remarquable des hommes de guerre d'A'bd-ĕl-Qâder, brûlait d'envie de venger les deux défaites successives éprouvées par les réguliers, défaites qui lui avaient valu de durs reproches de la part de l'émir ; il résolut donc, de concert avec El-Berkâni, de tenter un dernier coup qui, en lui livrant Blida, rétablirait, en

---

(1) Le *H'aouch-el-Mebdoua'* est la ferme que nous appelons les Cinq-Cyprès. C'est dans les environs de ce h'aouch qu'eut lieu, le 31 décembre 1839, le fameux combat désigné improprement dans les rapports officiels sous le nom de combat de l'Oued-el-Aleg.

même temps, la réputation des *a'çâkeur* (fantassins réguliers) sérieusement compromise.

Le 28 janvier 1840 ayant été choisi pour tenter de ramener la fortune sous les drapeaux de l'émir, Ben-A'llâl arrête les dispositions suivantes : Le khelifa El-Berkânî, à la tête de seize cents réguliers, quittera son camp des Bnî-S'âlah' vers trois heures du matin, et viendra se poster dans les oliviers de Sîdî-Ia'qoub pour tomber, à la pointe du jour, sur les travailleurs militaires employés à couper les arbres qui masquent la nouvelle citadelle. Le but principal de cette attaque est de chercher, à la faveur du désordre qu'amènera infailliblement cette surprise, à pénétrer dans la place défendue, — Ben-A'llâl le sait, — par une faible garnison de 1,523 hommes, dont 400 indigènes.

Les fantassins réguliers seront soutenus par deux mille *trârîs* des tribus campés dans les Bnî-S'âlah'.

Il est trois heures du matin; la nuit est sombre et pluvieuse; les *âr'âouât* de l'infanterie El-H'âdjdj-Mah'med-el-A'mmâlî, des *a'çâkeur* d'El-Berkânî, et Qâda-oulîd-el-Kououâch, de ceux de Ben-A'llâl, réunissent leurs bataillons en silence, et se portent, sous les ordres supérieurs du premier de ces kheulfâouât, dans les Zenboudj de Sîdî-Ia'qoub. Ces seize cents réguliers arrivent sur l'ouâd Sîdî-el-Kbîr par les *cha'b* (ravins) des H'amlellî (fraction des Bnî-S'âlah') sans donner l'éveil à la garnison du blockhaus de Koudiet-Mîmîch. A trois heures et demie, ils pénètrent dans le bois d'oliviers.

El-Berkânî divise ses forces en deux détachements : sa droite s'embusque derrière les murs de clôture des orangeries, à hauteur de l'emplacement occupé aujourd'hui par l'Abreuvoir de la porte de la Citadelle; sa gauche est masquée par les oliviers de Sîdî-Ia'qoub. Cinq cents *trârîs* des Bnî-S'â-lah' et des Bnî-Msa'oud ont suivi les réguliers ; mais ils ne doivent passer l'ouâd Sîdî-el-Kbîr qu'autant qu'on aura besoin de leur concours.

Deux mille Qabils des contingents, répandus dans les jardins entre Bâb Er-Rah'ba (1) et Bâb Ed-Dzâïr (2), doivent faire une fausse attaque sur ces deux portes pour déguiser l'attaque véritable qui aura lieu à Ez-Zrâfïa et à Bah'îret-el-Bâï (jardin potager du Bey), entre Bâb El-Qbour (3) et Bâb Es-Sebt (4).

A la diane, une compagnie d'élite du 24e de ligne, commandée par le lieutenant Maurons, était sortie de la place par Bâb El-Qbour, ainsi que cela se pratiquait depuis quelques jours, pour couper les orangers et les figuiers qui se trouvaient en dedans de la zône de défense ; cette compagnie venait de former les faisceaux en arrière de ses chantiers, et se disposait à faire tomber sous la hache tout arbre dépassant la limite déterminée.

Le jour paraissait à peine. Tout à coup, six cents réguliers, qui, à la faveur des arbres, ont rampé jusqu'aux chantiers, se lèvent de tous côtés en poussant de grands cris et fusillent les travailleurs; ceux-ci se précipitent sur les faisceaux que quelques réguliers atteignent déjà, se forment promptement, et répondent de leur mieux au feu de l'ennemi. Malheureusement, les forces qui les assaillent augmentent à chaque instant, et le canon de la Citadelle ne peut rien contre les réguliers qui combattent à couvert dans les arbres.

La position de la compagnie devient critique; mais le brave commandant Khan, du 24e, qui se rendait, avec trois cents

---

[1] Bâb Er-Rah'ba [porte du Marché aux Bestiaux] était situé à 20 mètres environ de la porte actuelle de ce nom.

[2] Bâb Ed-Dzâïr [porte d'Alger] s'ouvrait sur l'ancienne mosquée de la porte d'Alger, à l'entrée de la rue Qour-Dour'lï, que nous appelons des Couloughlis.

[3] Nous avons dit plus haut que Bâb El-Qbour [porte des Tombeaux] était situé sur la place actuelle de la Qas'ba, vis-à-vis de la porte du Boulevard.

[4] Bâb Es-Sebt (porte du Marché du Samedi) était situé sur l'emplacement où nous avons établi le marché européen, à l'entrée de la rue Meréd.

hommes, à la pointe d'Ed-Denneg (1), a entendu la fusillade ;
il fait brusquement tête de colonne à gauche et se porte au
pas de course dans la direction du feu. L'éveil est également
donné au Camp-Supérieur. Il était temps ! la compagnie, entourée de toutes parts, et fusillée presque à bout portant par
les réguliers embusqués dans les orangers et les maisons en
ruine d'Ez-Zrâfia, fait des pertes très-sensibles ; elle est au
centre d'un cercle de feu qui se rétrécit peu à peu autour
d'elle. Le lieutenant Maurons se dispose à faire une trouée
dans ces remparts de chair qui l'étreignent et le pressent, et
à gagner, comme il le pourra, la porte d'El-Qbour. Mais, ô
fortune ! des tambours battant la charge se font entendre :
c'est le commandant Khan et ses trois cents hommes qui débouchent sur la gauche de l'ennemi. Les réguliers surpris
abandonnent l'attaque de la compagnie pour répondre à ces
nouveaux assaillants : — « A la bayonnette enfants! et frappez
fort ! » s'écrie le commandant Khan d'une voix qui domine
le bruit de la fusillade et des tambours. Et les trois cents
hommes se précipitent comme des lions sur les réguliers qui
reculent épouvantés ; n'ayant plus le temps de recharger leurs
armes, les *a'çâkeur* essaient quelques retours offensifs à la
bayonnette; mais la bayonnette c'est l'arme française par ex-
cellence, et cette nouvelle manière de combattre des réguliers
ne saurait retarder leur défaite. Chaque soldat français a
choisi son ennemi, et le combat n'est bientôt plus qu'un duel
terrible dans lequel neuf cents hommes luttent la bayonnette
au fusil et l'injure à la bouche.

El-Berkânî, qui sent que le succès va lui échapper encore,
fait appel au cinq cents *trâris* qu'il a laissés sur la rive gauche
de l'ouâd Sîdi-el-Kbîr et les lance, avec les mille réguliers qu'il

(1) La pointe d'Ed-Denneg était l'angle formé, du côté de la porte Es-Sebt actuelle, par le quartier de l'Orangerie, à quelques pas
au-dessous du corps-de-garde qui est à l'entrée de la rue de ce
nom.

lui reste, sur l'infanterie du commandant Khan dont, heureusement, il ne peut estimer la force numérique; mais l'ardeur
de nos soldats est irrésistible, et ce renfort de l'ennemi ne
paraît pas devoir modifier ses destinées. Il recule toujours.
Il voudrait se maintenir dans les oliviers de Sidi-Ia'qoub à
l'abri desquels il essaie de se rallier. C'est en vain; nos troupiers ne lui laissent pas de répit.

Les officiers sont magnifiques d'élan et de bravoure : un
grand diable de lieutenant, d'une force herculéenne, avise
dans un groupe ennemi le *terrás* (1) Bou-A'lâm qui, embusqué derrière un olivier, s'apprête à abattre un Français lut-
tant à la bayonnette contre un régulier. C'eût été la deuxième
victime de Bou-A'lâm. Le lieutenant se précipite sur le *terrás*,
le désarme et l'enlève sur ses épaules. Le régulier Regueb,
voulant délivrer Bou-A'lâm (2), tire sur l'officier qu'il manque;
le lieutenant jette son fardeau dans un groupe de tirailleurs
français, se retourne, et, d'un coup de pointe, envoie Regueb
au paradis de Mahomet.

L'ennemi se grossit à chaque instant de Bnî-S'âlah' qui
descendent de leurs montagnes pour venir prendre leur part
du combat; mais les soldats du commandant Khan, renforcés
de la compagnie qu'il a délivrée, ne paraissent pas s'en inquiéter; ils font des prodiges : les soldats d'El-Berkânî sont
successivement délogés de tous les arbres derrière lesquels ils
se retranchent. Ils ne peuvent plus tenir, bien que cinq fois supérieurs en nombre au demi-bataillon du commandant Khan;
ils roulent, tourbillonnent sur eux-mêmes comme frappés de
vertige. Deux boulets, qui viennent tracer leur sanglant sillon
dans des groupes qui s'apprêtent à repasser la rivière, appren-
nent à l'ennemi que sa ligne de retraite est menacée.

---

[1] *Terrás*, fantassin des contingents.
[2] Bou-A'lâm, qui fut fait prisonnier dans cette affaire, habite
Blida encore aujourd'hui.

Le général Duvivier a pu, à grand'peine, disposer de deux pièces de canon et de deux cents hommes qu'il a lancés par Bâb El-Qbour sur le sentier qui longe la rive droite de l'ouâd Sîdi-El-Kbîr; car bien qu'éventée, la tentative sur Bâb Er-Rah'ba et Bâb Ed-Dzâïr n'en avait pas moins obligé le commandant supérieur de la ville à laisser du monde à la garde de ces portes.

Le canon de la redoute de Koudiet-Mîmîch n'avait pu résister au plaisir d'envoyer aussi quelques boulets à l'ennemi à son apparition dans la rivière. Dès-lors, réguliers et *trârîs* ne tiennent plus nulle part, et leur retraite se change définitivement en déroute.

Emportés par leur ardeur, nos soldats se lancent à la poursuite de l'ennemi ; ils ne laissent point de répit à cette masse qui fuit la bayonnette aux reins. A chaque pas, c'est un ennemi qui tombe pour ne plus se relever. L'étendard rouge du bataillon d'El-Berkânî est aperçu en tête des fuyards ; toutes les poitrines françaises battent à cette vue : prendre un drapeau, c'est la gloire ; c'est cette récompense tant enviée, la croix de la Légion-d'Honneur, pour celui qui s'emparera du précieux trophée. Dès-lors ce n'est plus de l'élan qui anime nos soldats, c'est de la fougue, de la *furia*, du fanatisme. Il n'y a pas un instant à perdre : si le *sendjâq-dâr* (porte-drapeau) atteint la rivière, il est sauvé ; tous l'ont compris : la masse des fuyards est aussitôt trouée, renversée, foulée aux pieds ; elle est pénétrée comme la bûche que fend le coin de fer frappé de vigoureux coups de marteau. Un groupe de réguliers, qui sent l'ouragan proche, se serre autour du porte-drapeau ; il est trop tard ; le fusilier Bacular a mis la main sur la hampe ; il s'y accroche, s'y cramponne avec frénésie. Quelques *a'çâkeur* voient le péril; ils veulent faire tête aux Français et dégager leur drapeau ; mais ils n'ont pas le temps de recharger leur armes, et ils sont serrés de trop près pour pouvoir faire usage de leurs bayonnettes. Quelques crosses de fusil se lèvent pourtant, et vont s'abattre sur la tête de l'intrépide fusilier Bacular qui lutte toujours avec le porte-drapeau ; mais le flot monte et grossit sans cesse. Il faut cependant trancher la question : dix de nos bayonnettes s'en chargent en perçant à jour le *sendjâq-dâr* et en le précipitant dans la rivière. L'étendard rouge des réguliers reste définitivement entre les mains de l'héroïque fantassin Bacular.

Oubliant leur faiblesse numérique, les soldats du commandant Khan se lancent à la poursuite de l'ennemi dans l'ouâd Sidi-El-Kbîr ; Ben-A'llâl, qui l'avait prévu, sans doute, avait ordonné à l'âr'à de sa *khîîâla* (cavalerie), Sid Bel-Qâcem, de se poster dans le lit de la rivière avec ses deux escadrons de *s'bâïh'îïa* (spahis). Le gros du *goum* (1), sous les ordres de Moh'ammed-bou-Châreb (2), se tenait au fond d'El-H'amâda (3) prêt à fondre sur nos fantassins.

Chaque spahis, outre ses armes, portait à l'arçon de sa selle une *queuzzoula* (massue) de fer terminée par un *tchângâl* (croc) destiné à harponner nos fantassins par quelque partie de l'habillement ou de l'équipement.

Nos intrépides troupiers arrivent pêle-mêle dans l'ouâd avec l'ennemi qui regagne la rive gauche en toute hâte. Sid Bel-Qâcem lance ses escadrons sur les cailloux de la rivière ; mille étincelles jaillissent du silex sous les pieds des chevaux; les spahis, vêtus de rouge, roulent sur ce sol fuyant pareils à un nuage de sang. Ils brandissent leur terrible *queuzzoula* qui siffle dans l'air; leurs chevaux aspirent bruyamment l'odeur de la poudre et celles des chairs pétries, piétinées. En quelques bonds, ils sont sur nos trois cents héros, qui cessent

---

(1) *Goum*, cavalerie irrégulière marchant en cas de réquisition.

(2) Le surnom de *Bou-Châreb* [l'homme à la lèvre] avait été donné à l'âr'à de la khîîâla à cause d'une cicatrice profonde qu'il portait à la lèvre inférieure.

(3) El-Ha'mâda est le terrain dont nous avons fait le Champ-de-Mars actuel.

leur poursuite pour répondre à ce nouvel ennemi. Leur position est d'autant plus critique, que les contingents d'El-Berkânî, voyant le petit nombre de leurs vainqueurs, se ralliaient sur les premières pentes de la rive gauche, et les menaçaient d'un retour offensif. Ils se groupent instinctivement par *petits paquets* dans la rivière, et présentent une multitude de carrés hérissés de bayonnettes que les spahis de Ben-A'llâl ne peuvent entamer.

Néanmoins, le péril est grand; ils sont enveloppés par ces farouches cavaliers qui tournoient autour d'eux comme des oiseaux carnassiers autour d'une proie qui ne saurait leur échapper.

Il ne reste d'autre ressource à nos soldats que celle de chercher à regagner le Bois des Oliviers, qui n'est qu'à quelques pas.

Au moment où le commandant Khan se dispose à tenter ce mouvement, une sonnerie française se fait entendre sur la droite : c'est le colonel Changarnier, commandant du Camp-Supérieur, qui accourt, à la tête d'un bataillon du 2e léger, dans la direction de la fusillade. Les spahis de Ben-A'llâl, craignant d'être pris entre deux feux, abandonnent leur attaque et s'enfuient dans la direction de l'ouâd Ech-Cheffa. Les goums de l'âr'â Sîd Moh'ammed-bou-Châreb, qui n'ont pas pris part à l'action, tournent bride également et plongent dans l'Ouest. Les fantassins du commandant Khan peuvent dès-lors se retirer sur Blida sans risquer d'être inquiétés.

Cette belle journée, au commencement de laquelle nous fîmes quelques pertes, coûta aux Arabes deux cents tués et un grand nombre de blessés. La déroute des contingents d'El-Berkânî avait été si précipitée, surtout à la fin de l'action, que le chemin qu'ils avaient parcouru de Bah'îret-el-Bâï à l'ouâd Sîdî-El-Kbîr, était littéralement jonché de bernous, de chachias, de cordes de chameau et de haïks. Les réguliers y avaient laissé leurs caisses de tambours, des armes en grand nombre, des effets d'habillement et d'équipement. Pour fuir plus vite, sans doute, ils avaient, généralement, abandonné leurs *blâr'i* (pantoufles jaunes).

Le théâtre du combat était piétiné, foulé et couvert de débris sanglants ; les arbres étaient criblés de balles ; les *keurm en-Ns'ârâ* (figuiers des Chrétiens), les *s'eubbârât* (aloès), malgré leurs puissantes défenses, étaient renversées, écrasées, broyées comme les plus faibles arbustes; des branches d'orangers, chargées de fruits, couvraient le sol brisées, tordues, dépouillées par le torrent humain qui venait de passer. Deux cents cadavres ennemis, le dos troué par la terrible bayonnette de nos fantassins, marquaient, sur une longueur de cinq cents mètres à peine, le chemin de la lutte. Un grand nombre de blessés aux *kbâbôt'* (1), aux bernous maculés, souillés de sang, attendaient leur sort avec cette admirable résignation que donne au caractère musulman le dogme de la fatalité, avec cette placidité nerveuse naturelle qui permet aux sectateurs de l'islâm de supporter, sans se plaindre, les plus intolérables douleurs. Il faut dire aussi qu'ils savent que, pour nous, un blessé n'est plus un ennemi, et que nos fusils et nos haines se taisent à la sonnerie de : « *Cessez le feu !* »

Nos soldats firent, dans cette mémorable journée, un grand butin d'armes, de bernous, de haïks et d'effets de toute nature.

Après cette affaire, où les réguliers furent encore une fois si maltraités, Ben-A'llâl et El-Berkâni parurent désespérer de s'emparer de Blîda ; ils ne risquèrent plus, autour de la ville, que quelques attaques timides et insignifiantes, qui n'eurent d'autres résultats que la perte de quelques hommes de part et d'autre. Nous allions, d'ailleurs, prendre l'offensive et déblayer la Mtîdja en nous emparant de Médéa et de Miliana.

---

(1) *Kbâbôt'* [pluriel de *kabbout'*], espèce de veste avec capuchon dont étaient vêtus les fantassins réguliers.

Nous retrouverons les réguliers des khéulfâouât de ces deux villes à la Tnia (1) des Mouzâïa.

Les temps sont bien changés ! et les braves troupiers du 24e de ligne auraient de la peine à retrouver, en l'an de grâce 1863, leur champ de bataille journalier de 1839 et de 1840. Ces orangers d'autrefois qui servaient de repaire à l'ennemi, et qu'ils abattaient avec tant d'ardeur, sont remplacés par une splendide végétation apportée de tous les coins du monde ; des fleurs partout sur ce sol jadis jonché de cadavres ; des eaux de cristal courant autour des arbres que la guerre arrosait avec du sang ; au lieu du cri sec et vibrant du fusil se mêlant à la parole sévère et brutale du canon, de délicieux concerts où les musiques de nos régiments nous charment et nous transportent en interprétant les œuvres des grands maîtres ; au lieu des bruits discordants de la bataille et du râle des mourants, les voix argentines et joyeuses de ravissants enfants frais et rosés se poursuivant en riant dans les bosquets, ou les admirations enthousiastes de leurs mères groupées harmonieusement entre elles comme les fleurs d'un bouquet. Aujourd'hui, la paix avec ses joies, ses sourires, ses douceurs, a remplacé la guerre avec ses regrets, ses larmes, ses horreurs. Et pourtant, le 24e, en se rappelant ces grandes époques africaines, vous dira encore : « C'était le bon temps alors ! »

FIN.

---

(1) Une *tnia* est un col, une dépression, un point de passage d'une route sur une crête. Au commencement de l'occupation, les rédacteurs des rapports officiels prenant le mot *troupir* un nom de lieu, écrivaient, à-propos de la *tnia* des Mouzâïa, *le col du Ténia*, ce qui signifiait *le col du col.*